子供が消えゆく国

藤波匠

日経プレミアシリーズ

はじめに

日経新聞1面記事の大反響

２０１９年10月7日、「日本経済新聞」の朝刊1面トップを、「出生数90万人割れへ　推計より2年早く」という見出しの記事が飾りました。２０１９年の1月から7月までの出生数が、前年比で5・９％も減っているという趣旨でした。

わが国の出生数は、団塊ジュニアに当たる１９７３年生まれが２０９万人を記録して以降、緩やかな減少傾向をたどってきました。ところが、どうやらその減少ペースが、一気に早まっているようなのです。２０１６年に１００万人を割り込んだことが大きな話題となったばかりでしたが、早くも２０１９年には、90万人を大きく下回る見通しであることが報じられたわけです。

少子化については、これまでも散々報じられ、政府も対策を打ってこなかったわけではありませんが、今のところ、これといった成果は見られません。近頃は、マスコミが人口減少の話題を取り上げても、今さらという感じでネット世論にはスルーされることが多く、筆者は、今回、日経新聞が1面トップで取り上げたときも、その程度の反応を予想していました。

ところが、日経新聞の記事に対する世間の反応は、執筆した記者から事前に取材を受けていた筆者の想像をはるかに超えるものでした。記事が、国の想定よりも少子化のペースが速いことに注目した点が功を奏したのか、衝撃的なニュースとして注目されたようです。

日経新聞電子版の公式ツイッターにおけるリツイート数は、10月末時点で4500に及びました。通常、同サイトの他の記事に対するリツイート数は2ケタからせいぜい数百であり、まれに1000に届くものがある程度です。今回の記事に対するリツイートは、通常より1ケタ以上多いレベルに達し、いわゆる〝バズった〟状態となりました。国を形づくる構成要件の中でもとりわけ重要なものである〝人口〟の行く末に、多くの国民が少なからぬ関心を持ち、しかもかなり悲観的な先行きを予想していることの証しです。

出生数が減りつつあることは、今さら指摘されるまでもなく誰しもわかりきっていること

出生数90万人割れへ

今年 社会保障・成長に影

日本の**出生数**（**3面きょうのことば**）が急減している。1～7月は前年同期に比べて5・9%減り、30年ぶりの減少ペースとなった。団塊ジュニア世代が40代後半になり、出産期の女性が減ったことが大きい。2016年に100万人を下回ってからわずか3年で、19年は90万人を割る可能性が高い。政府の想定を超える少子化は社会保障制度や経済成長に影を落とす。出産や子育てをしやすい環境の整備が急務だ。

推計より2年早く

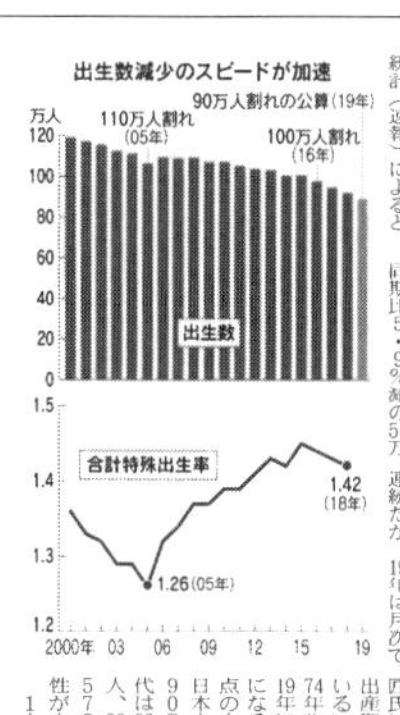

厚生労働省の人口動態統計（速報）によると、1～7月の出生数は前年同期比5・9%減の51万8590人。減少は4年連続だが、19年は月次でも3月に7・1%減となるなど、大きな落ち込みが続く。18年1～7月は同2・0%減だった。

日本総合研究所の藤波匠氏は「団塊ジュニアの出産期の終わりを映している」という。1971～74年生まれのこの世代は19年にはすべて45歳以上になる。18年10月1日時点の人口推計によると、日本人の女性は40歳代の907万人に対し、30歳代は23%少ない696万人、20歳代は36%少ない578万人。出産期の女性が大きく減っている。

1人の女性が生涯に生む子どもの数にあたる合計特殊出生率は18年に1・42と、3年続けて下がった。結婚して子どもを産みたいと考える人の希望がかなった場合の値は1・8で、理想と実態の差は大きい。政府は「希望出生率1・8」を25年度に実現することを目標に、保育所の整備や育児休業の推進などに取り組んできたが、効果は十分ではない。出生率が上がらなければ、出生減には歯止めがかからない。

人口動態統計の速報値は外国人による日本での出産と、日本人の海外での出産が含まれる。政府が公表する年間の出生数は3万人程度のこれらを除いて、18年の日本人の出生数は約91・8万人だった。19年は7月までの減少ペースが続けば、90万人を割り込む公算が大きい。外国人を含んでも90万人に届かない可能性がある。

国立社会保障・人口問題研究所が17年にまとめた推計では、19年の出生数は92万1千人（総人口ベース）だった。90万人割れは21年（88・6万人）としており、仮に19年なら2年早い。

少子化は現役世代が高齢者を支える形の医療や年金、介護の社会保障の枠組みを揺らす。特に公的年金は現役世代が払う保険料で支えており、担い手が減れば年金の支給額に響く。高齢者増で膨らむ医療費も少ない現役世代にしわ寄せがいく。

少子化が進めば人手不足は一段と深刻になる。若い世代を中心に労働力の減少は、経済の潜在成長率も下押しする。

出生数を回復するためには、若い女性が出産しやすい環境づくりが課題だ。日本の出生率を年代別にみると30歳代後半については、1・7～1・9台と高いフランスやスウェーデンとも差はない。各国を大きく下回るのは20歳代だ。

正社員の終身雇用が多い日本の労働慣行では出産や育児で休職するとキャリアが積み上がらず仕事上不利になりやすい。夫による子育ての参加拡大を認める企業文化の定着を含め、少子化対策を変えていく必要がある。

「日本経済新聞」朝刊2019年10月7日付

でありながら、さすがにこれまでとは異なる次元の出生数の減少を告げる記事に、思わずリツイートしてしまったといったところでしょうか。詳しくは以下の各章に示しますが、実は出生数の減少ペースを前年比という尺度で見ると、2019年の5・9％減という状況は、ベビーブームが終焉したときと同水準にまで達しているのです。ベビーブームは、他の世代よりも出生数が急増した分、その終焉時には、まさに崖のような出生数の急減が見られました。今回は、すでに長期にわたって減少傾向にあったにもかかわらず、その崖が出現したわけです。

記事に言及するツイートの多くが政府の無策を嘆くもので、出産適齢期にある世代が置かれた経済環境、社会的立場を悲観し、「今の状況では、誰も子どもをつくろうとはしない」といった論調が多く見られました。現代を生きる若者の所得や子育ての環境を踏まえれば、子どもをつくらない、あるいはもう1人欲しいけど、あきらめざるをえないと考えるのは、さも当然という主張です。

辛辣なツイートとしては、「身勝手な大人を支えるために産もうとは思わない」や、「子どもを産み、育てる1年は、年収を放棄することに等しい」など、自らの感情、自身の置かれた立場をストレートに訴えた指摘が目を引きます。中には、「結婚すら高いハードル」という指摘も見られました。画面をスクロールしながら、「いいね」ボタンならぬ、「ごもっとも」ボタンが欲しいと思いながら、一つひとつのツイートに目を通しました。

フランスは少子化対策で出生数が増えたのか

多くの国民が政府の無策を嘆くのは、少子化に対する起死回生のホームランとなるような秘策の存在を期待していることの表れかもしれません。では、政府がどのような対策をとれば、出生数は下げ止まり、やがては増加に転じるのでしょうか。

秘策の存在を期待する気持ちはわかりますが、出生数を増やすことは極めて難しい課題です。おそらくは、誰も明確な回答を持ち合わせてはいないでしょう。保育園の受け入れ枠を増やせば、子どもが増えるというような単純な問題ではありません。多くの先進国と、東アジアで一定の経済成長を果たした国の一部が、日本と同等か、それを上回る出生率の低下に見舞われるなど、少子化に対する悩みを抱えているのです。

一方、先進国の中でもフランスのように、少子化対策に一定の成果が得られたと評される国もあります。確かにフランスでは、子育て世代に手厚い社会政策や税制が導入され、たとえ非婚女性が出産してもサポートする社会制度が充実していることなど、少子化対策の優等生と見る向きもあります。

しかし、筆者は、フランスにおける少子化対策の導入と出生数の回復には、必ずしも明確な因果関係があるとは言い切れないと考えています。比較的知られていることではありますが、フランスの出生数の回復には、外国人が大きく貢献しているのです。フランスの出生数が回復期にあったとされる2000年以降に注目しても、両親がフランス人というカップルから生まれた子は一貫して減少しており、フランス人と外国人のカップル、もしくは外国人同士のカップルから生まれた子が出生数を押し上げたのです。

フランス人同士のカップルから生まれる子の減少ペースが速まった2015年以降に注目すれば、フランス人と外国人のカップルの子までもが減少に転じており、唯一、外国人同士のカップルの子が増えている状況です。すなわち、フランスの出生数は、国際的な人口の流動化にともなって流入した外国人により下支えされている面が否定できないのです。

一時的とはいえ、フランスの出生率や出生数が押し上げられたのが、子育て世代向けの社会福祉政策の恩恵であると決めつけるのは早計かもしれません。しかし、フランスの政策は、外国人の包摂のみならず、子どもを生み育てる若い世代の暮らしを下支えし、結果的に子どもの権利を保障するものとなっています。

フランスの先進的な取り組みは、経済環境や社会制度の面から、生みづらく育てづらいと感じている若い世代が多いわが国が、見習うべきことと言えるでしょう。若い世代に豊かさをもたらし、子育てしやすい社会を築くことが、急激な少子化が進むわが国における社会福祉政策のあるべき姿であり、たとえ短期的には出生数が増えないとしても、若い世代が有する活力を生かした成長戦略であると言えるのではないでしょうか。

経済成長をあきらめてはいけない

日本では、長きにわたり低い経済成長率にあえいできた経緯もあり、一時は世界第3位だった国民1人当たりの国内総生産（GDP）は現在26位と、じりじりと低下する傾向にあります。低成長で賃金が下がる状況が長期にわたり続いていることもあり、近頃は、経済的な豊かさを手に入れることに対する、若い世代のあきらめを感じることがあります。逆に、金銭的、物質的な豊かさを追い求めるよりも、精神的な豊かさに解を求める傾向が強くなっているように見受けられることもあります。簡単に言えば、「金より大切なものがある」ということです。

世界的にも、生み出した付加価値額の合計にすぎないＧＤＰによって、国の豊かさを評価する一般的な手法に対しては、疑念の声が上がっています。近年、国連を中心に、自然環境や教育水準、インフラストックなどに注目した、新しい豊かさの評価軸が提起されています。最近流行りのＳＤＧｓ（持続可能な開発目標）にもつながる考え方であり、その指標では、依然としてわが国は、豊かな国の1つとみなされます。

こうした考え方は、人が生きていく上での真理の一面を言い当てているのかもしれません。もうエコノミックアニマルと呼ばれた当時のように働くことはできませんし、社会もそれを許容しません。豊かな自然環境の中で、助け合いながら生きることは何ものにも代えがたく、人間の尊厳にもつながるすばらしい暮らしであると思います。

しかし、どんなに森が豊かでも、あるいは人間関係が濃密で、互助精神にあふれた人々に囲まれて暮らしていようとも、多くの人々の経済的な暮らし向きが上向かなければ、子どもの教育はままならず、先代から住みつないできた歴史ある家屋すら維持していくことはできないでしょう。

一時的とはいえ、バブル景気などわが世の春を謳歌したわが国においては、現在、とりわけ若い世代の所得環境を改善することが喫緊の課題となっています。それなくして、国民が豊かさを実感することも世代間格差を解消することもできず、ましてその先にあるわが国最大の課題とも言える低出生率の改善も、とうてい期待できません。

しかも、精神的豊かさばかりを追い求め、経済成長をあきらめてしまえば、ゆくゆくは社会保障の原資は絞り込まれ、最終的には限られたパイの分配を最適化するという極めて難易度の高い政治的課題に突き当たってしまいます。わが国は、バブル崩壊後の低成長の中で、絶えずこの難問にぶつかり、そのたびに有効な対策を打つことができず、結果として放置する形となってきてしまいました。それがおおむね50歳を境とする世代間の格差や、富裕層と貧困層の所得格差の温床となっているわけです。

典型的な被害者であったのが、「団塊ジュニア」です。大学を卒業し、就職するタイミングがバブル崩壊と重なり、新卒で正社員になれなかった人が続出した世代です。所得は前世代よりも低い水準に抑えられ、専門的な技能やノウハウが身についていない人も多いとされています。団塊ジュニアに続く世代も似たような境遇にあり、本書では総じて就職氷河期世代と呼びます。

団塊ジュニアに始まる就職氷河期世代が晩婚となりがちで、子どもを持つことにためらいを生じさせた一因に、彼らの経済問題があったことは言い逃れることのできない事実です。団塊ジュニアは、言い換えれば「第2次ベビーブーマー」です。本来であればこの世代も、前世代までと同様に結婚し、子どもをもうけ、1次、2次ほど明確なものではないにしろ、わが国に第3次ベビーブームをもたらしていたかもしれません。私たちの社会は、低成長下、限られたパイの分配を最適化することができず、彼ら世代に社会のひずみを押しつけてしまったのです。

今後も人口減少は避けられないものの、あまりに急激な出生数の減少を避けるために、国民一人ひとりが生み出す富を拡大しつつ、さらに難題である分配の最適化を図り、生み出した富を若い世代に回していくことが必要です。こうした高いハードルの先にこそ、日本という国の持続可能性が見出せるのではないでしょうか。

本書では、人口減少を契機として、日本社会が進むべき新たな道程について考えていきたいと思います。ただ、少子化とセットで語られることの多い社会保障や格差の問題については、議論を後回しにします。なぜなら、低成長を前提に年金や社会保障の問題にフォーカスすれば、単純な分配の議論に陥り、答えのないイデオロギー論争に踏み込み、世代間闘争を煽りかねないと考えるからです。

本書が目指すのは、「次世代が、先を生きる世代よりも、少しずつでもいいから豊かになる」という、人間社会の発展過程における至極まっとうな国のあり方を提示することです。そのためには、生産性向上にもとづく経済成長は不可欠であり、そのもとで世代間格差の解消を果たすという、バブル崩壊以降の30年近い年月をかけてもなお達成できていない解決困難な課題を乗り越えていかなければなりません。

しかし、その高いハードルの先にこそ、持続可能な社会の姿が見えてくると信じています。まるでベビーブームが終焉したときのような急速な出生数の減少は、わが国が30年間取りこぼしてきた課題、厳しい言葉で言えば、あえて見て見ぬふりをしてきた厄介事に、正面から向き合う最後のチャンスであることを告げる警告にほかならないと考えています。

2020年2月

藤波　匠

目次

第　1　章

出生数90万人割れの衝撃

推計より2年も早い出生数90万人割れ

出生数が大きく減少する見込みであるという記事が、衝撃的なニュースとして「日本経済新聞」の1面トップを飾ると、ネットを中心に思いのほか注目が集まる事態となりました。そもそも、この手の話題が経済紙の1面トップを飾ったという事実は、このニュースが、わが国経済にとっての重大事にほかならないことの証しです。ここでは、すでに少子化と言われて久しいわが国にとって、このニュースがいかに大きな問題であるのかということについて考えてみたいと思います。

わが国の出生数は、209万人を記録した1973年以降、ほぼ一貫して減少傾向をたどっています。その1973年前後に生まれたのがいわゆる「団塊ジュニア」です。彼らは、第2次世界大戦直後のベビーブームに生まれた「団塊の世代」の〝子ども〟にあたり、前後の世代に比べて出生数が多かったことから、第2次ベビーブーマーとも呼ばれます。

わが国の出生数は、1973年以降1990年頃までは、年平均▲3・1%のペースで急減しました。1991年以降は、減少傾向であることに変わりはないものの、年によっては微増となったこともあり、２０１５年までのおよそ25年間は、年平均▲０・８％の減少にとどまりました。ところが２０１６年以降、再び減少のペースが速まり、２０１８年までの３年間は平均▲２・９％の減少と、１９９０年以前の水準に戻っています。

２０１６年の出生数はついに１００万人を大幅に割り込み、団塊ジュニアの半分以下の水準まで減少しています。それまで数千人からせいぜい１万人程度であった各年の減少幅が、２０１６年以降は一気に２万８０００人にまで膨らんでいます。

そして、問題の２０１９年です。厚生労働省が２０１９年12月24日に発表した人口動態統計の年間推計では、日本人の国内出生数は86万４０００人となり、２０１８年に比べて５・４万人の減少、年率に換算すれば▲５・９％の大幅な減少となることが示されました。２０１６年以降、出生数の減少ペースにやや加速する兆候が見られていましたが、２０１９年はさらに一段踏み込み、少子化が再加速した印象です。２０１９年10月の日経新聞の報道通りに、想定よりも早い段階での90万人割れが現実のものとなるのです。

さて、出生数の減少を報じた日経新聞では、見出しに「推計より２年早い90万人割れ」とありました。この見出しが指摘する〝推計〟とは、誰によって計算されたものなのでしょう

図表1-1　社人研による出生数推計と実推移

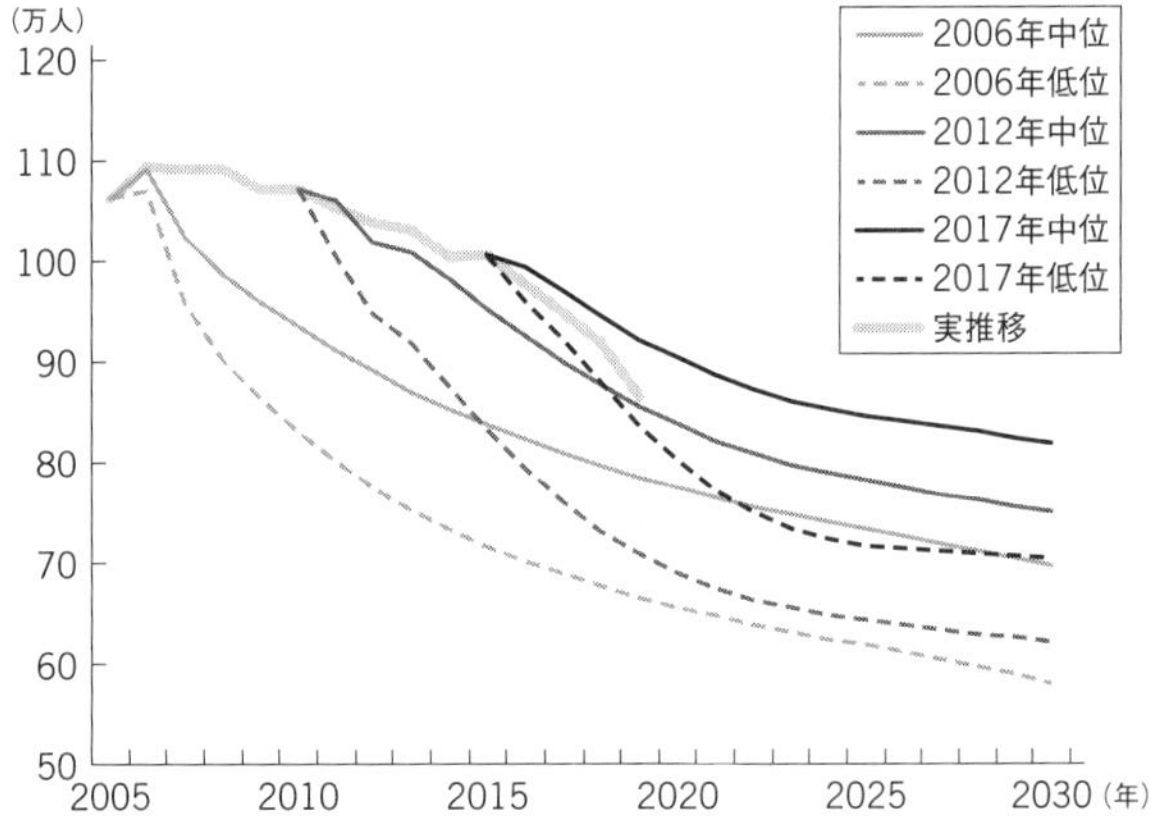

（注）出生数推計は過去分含む。推計は、中位と低位のみ。
（出典）国立社会保障・人口問題研究所「日本の将来人口推計」、厚生労働省「人口動態調査」

か。

　図表1－1を見てください。国立社会保障・人口問題研究所（以後、社人研）が算出した将来推計人口から、出生数を取り出して図示したものに、実際の推移（以後、実推移）を重ねたグラフです。社人研の将来推計人口は、国のさまざまな試算や計画などの根拠として用いられる大変重要なデータです。不確定要素が多い出生数や死亡数に関して、低位、中位、高位と3パターンを示すことから、近年、実推移が推計結果を大きく逸脱したことはありません。図表には、国勢調査のたびに改定された過去3回の推計結

果から、出生数の中位推計と低位推計を示しました。例えば、２００６年推計は、２００５年に実施された国勢調査をもとに２００６年12月に発表された将来人口推計です。

　通常、国の推計というと、３パターンのうち中位を指すことが多く、２０１７年推計の中位推計においては、出生数が90万人を割り込むのは２０２１年とされています。実推移では、２０１９年に90万人を大きく割り込む見通しとなっており、記事による「２年早く90万人を割り込む」という指摘は、この出生中位の推計と比較しているのです。

　実推移が出生の中位推計よりも下回っているとはいっても、低位推計よりは高い水準にあるため、あまり気にすることはないという見方をされる読者もあるかもしれません。しかし、２０１９年の出生数の減少は、まさに急落という言葉がマッチするほどであり、近年の動きとは明らかに流れが変わったことを示すものです。

　実は２００５年以降、出生数の実推移は、推計人口の中位推計を上回って推移していました。少子化が叫ばれて久しいものの、近年に限って言えば、実推移は推計を上回っていたのです。２０１７年推計との比較でも、実推移は２０１８年まで、中位推計に近い水準を維持していました。ところが、２０１９年は一気に下げ足を速め、低位推計の水準にぐっと近づいてしまったわけです。

こうした出生数の推移に対する評価は2通りあると考えられます。1つは、大きく下がってしまったことから、将来の社会保障の持続性や労働力不足を悲観的にとらえる見方です。前述の日経新聞の記事も、そうした趣旨の紙面づくりとなっていました。同時期に「東洋経済オンライン」にコメントを寄せた経済ジャーナリスト・岩崎博充氏も、「日本人を直撃する『人口急減』の切実すぎる未来」[1-1]として、賦課方式[1-2]で運営されている公的年金制度の維持に対する疑問を投げかけています。

少子高齢化は厄災か

このような少子化に起因する課題についての議論でよく見かけるのが、多数の高齢者を少数の若者が支えるイラストです。しかも、支え手が、時代とともに減っていくという何ともせつない図に見覚えのある読者の方も多いのではないでしょうか。こうしたイメージ図を見せられてしまえば、若い世代が国民年金保険料や税金の支払いをバカらしく思ってしまうのも無理はありません。

新聞や雑誌、ネットで指摘されるこうした悲観的な未来像は、今後の人口推計を見れば容易に想像ができてしまいます。実際、高齢者の暮らしを支えるため、社会保障費として、すでに多くの税金が投入されており、その分、若い世代に回るべき扶助費や教育予算が抑えられていると見ることが可能です。

ただし、こうした議論をする際に、上記のような一般論とともに、私はいつも別の未来についても思いをはせます。それは、多数の高齢者を少数の若者が、汗水たらしながら支えるというステレオタイプのイメージではありません。パワードスーツを着た若者が、1人で軽々と複数の高齢者を持ち上げている未来像です。あるいは、高齢者が乗った車いす1台に1人ずつ若者がついて押して回るのではなく、自動運転の車いすに乗って高齢者がもっと速く、自由に移動しているイメージです。

支え手である若者の数が減るからといって、彼らの負担が増大すると決めつけて良いはずはありません。もし本当にそうした社会の到来が不可避であるとするのなら、この国からは、若者は一人残らず逃げ出してしまうでしょうし、年配者に彼らを引き留める権利はありません。

イラスト：駒見龍也

そうならないように社会の仕組みを考え、新たなシステムづくりにチャレンジすることこそが、人間社会の発展にほかなりません。私たちは、若い世代に負担を押しつけることなく、全員で富を増やし享受するための知恵を持っているはずです。その知恵についての話は、本書の後段で、詳しく取り上げたいと思います。

出生数の推移に対する評価に、話を戻しましょう。2通りあるとした評価のもう1つは、急減したとはいえ、以前の推計値に比べれば、実推移は高い水準を維持しているというものです。もう一度、図表1－1に戻りましょう。この図表で驚くべきは、2006年推計や2012年推計における出生数の見通しは、実推移に比べて大幅に低い水準に設定されていたことです。2006年の低位推計では、2019年の出生数として、なんと66万5000人という数字を置いていたのです。実推移に比べて20万人も少ない水準です。国では、一時期、今よりも極めて悲観的な出生数を想定していたことになります。

国が、2006年頃にこうした悲観的な見方を示したのは、2005年の合計特殊出生率が1・26を記録するなど、出生率が現在よりも大幅に低い水準にあったことが原因です。その後、合計特殊出生率は1・4を回復し、社人研の人口推計も、回復した出生率を織り込んだため、出生数の見通しは上方修正された形となっています。

確かに、2019年の出生数は、最新の2017年推計における中位推計からは大きく下振れしましたが、一方で、2006年推計で想定していた出生数よりも大幅に上振れていることを見逃してはいけません。当然、最新の推計のほうが、2006年推計よりもわが国の人口の将来像として、多少明るい見通しを示しているわけです。

例えば、2006年推計では、2055年の総人口を8993万人（出生中位・死亡中位）と見積もっていました（図表1－2）。これは、最新の2017年推計よりも750万人も少ない想定です。2006年推計では、一層の少子化を想定しており、2055年の年少人口を、2017年推計よりも26％も低く見積もっていました。

当然、2006年推計を受けての報道には厳しい文言が並びました。2006年12月の日経新聞の見出しには、「年金に影響も」「社会保障の重しに」などの極めて悲観的な言葉が並び、「少子化対策強化は不可避」と出生数の回復を図る政策の重要性を訴える見出しも見られました。

もっとも、その後、出生率がわずかながらに回復し、将来人口も明るい見通しが可能に

図表1-2 社人研による2006年推計、2017年推計の差異（出生中位・死亡中位）

	2006年推計	2017年推計
2055年の総人口	8,993万人	9,744万人
2055年の年少人口	752万人	1,012万人
出生数が90万人を割り込む時期	2012年	2021年（ただし、実推移では2019年）

（出典）国立社会保障・人口問題研究所「日本の将来人口推計」

なったにもかかわらず、前述の2019年10月7日の日経新聞にも「社会保障・成長に影」との見出しがあり、記事の内容も似たり寄ったりです。マスコミは、人口減少局面では、そのスピードのいかんにかかわらず、似たような悲観的ワードを選びがちなのでしょう。

出生数が減少すること自体は、国の将来にとって決して好材料とは言えません。しかし、出生率が、2005年に1・26を記録したにもかかわらず、その後わずかとはいえ回復した経験を踏まえれば、今回の出生数の減少もあまり悲観的にとらえるべきではないのかもしれません。

問題は今後です。出生数は、そのときの経済環境や社会を取り巻く雰囲気などによって、大きく振れることがあります。楽観的すぎるとの批判を受けることは承知の上で言わせてもらえれば、2019年の大幅な出生数の減少に注目が集まったことの反動から、2006年のように出生率のV字回復が起こらないとも言い切れません。

次節では、出生数や出生率が、その時々で変化する理由について考えてみたいと思います。1990年以降に出生数の減少スピードが鈍化したことや、2006年以降に出生数・出生率を回復に向かわせた要因、さらには、2016年以降に出生数が急減している理由などについて、詳しく分析していきます。

出生数減少をもたらす3つの要因

1971年から1974年に生まれた世代を、「団塊ジュニア」と呼びます。この世代には、終戦直後のベビーブームに生まれた「団塊の世代」の子どもが多く含まれており、人数も団塊の世代に次いで多かったため、一般に彼らが生まれた頃のことを「第2次ベビーブーム」と言います。

団塊ジュニアは、大学を卒業し、社会人になるタイミングがバブル崩壊と重なったこともあり、容易には定職に就けないなど経済的に不遇の時期が長く、専門的で高度な能力や技能を身につけていない人も多いとされます。そして、彼らは人数としては団塊の世代と遜色ないにもかかわらず、結果的に第3次ベビーブームを生み出すことができなかったとされています。現代に続く少子化の原因の一端をかつがされているのです。

しかし、私はこの考え方については懐疑的に見ています。表面的な出生数の変化のみに注目した考え方であり、そうした決めつけは好ましくありません。ここで、わが国の出生数に変化をもたらす理由について、分析を交えつつ、少しだけ深く考えてみましょう。

わが国の出生数に影響を与えてきた要因を明らかにするため、各年の出生数の変化を「出生率」「年齢構成」「人口」の各要因に分解してみたいと思います。「出生率」要因は、出生率の変化が出生数に与える影響を示すものです。出生率は、婚姻率の低下、晩婚化などに大きく影響を受けるとともに、経済情勢にも左右されると考えられます。経済的な安定性が得られない若い世代が、結婚・妊娠を後ろ倒しにする可能性があるためです。当然、出生率の低下は、出生数の押し下げに寄与します。

「年齢構成」要因は、女性の年齢構成の変化が出生数に与える影響を見ています。高齢出産が増えているとはいえ、実態としては30~34歳をピークとして、年齢が高まるに従い出産す

図表1-3　出生数変化の要因分解分析

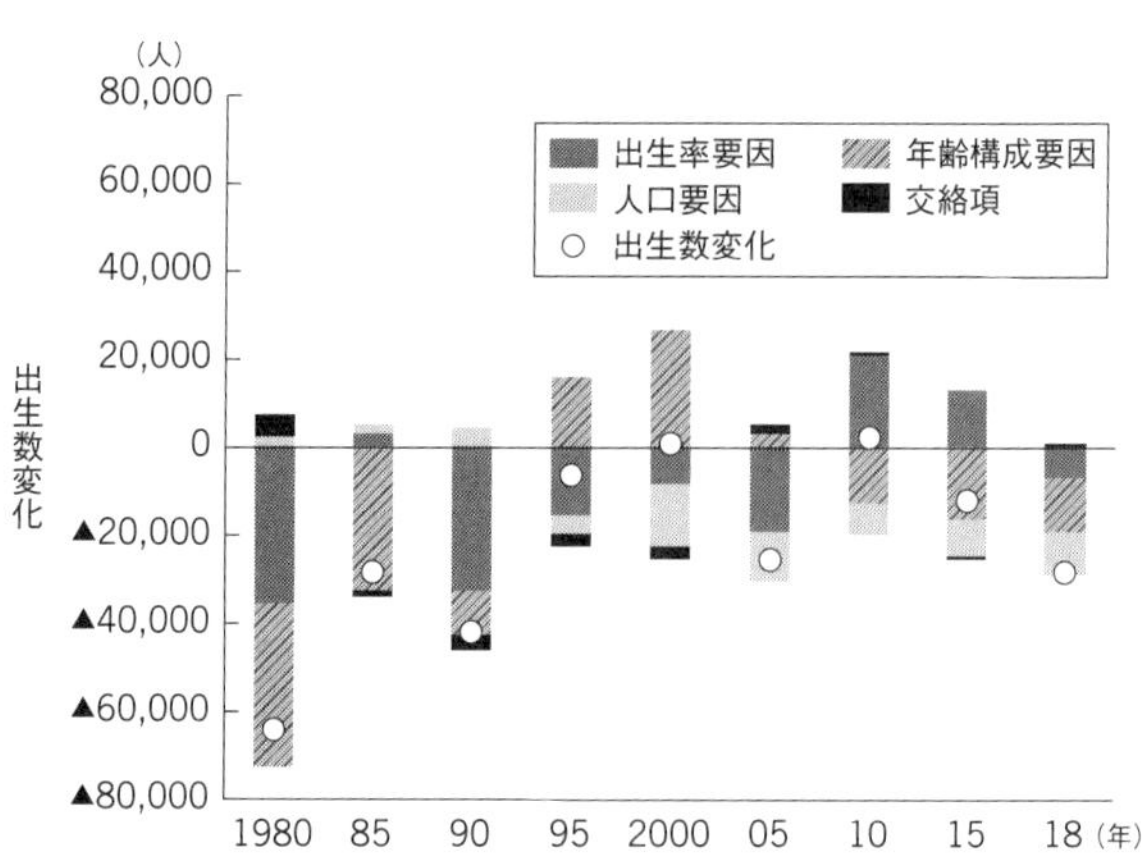

（注）各年の結果は、その年までの５年間の平均値（2018年のみ３年間の平均値）。
（出典）厚生労働省「人口動態調査」

る女性は減っていきます。出産期（15〜49歳）の女性の年齢構成上、高年齢女性の割合が高まることは、全体の出生数の押し下げに寄与します。

「人口」要因は、出産期女性の人口変化が出生数に与える影響を見ています。当然、女性の減少は出生数を押し下げる要因となります。

それでは、１９７６年以降のデータを用い、各年の出生数の変化を3要因に分解した分析結果を見てみましょう（図表１－３）。なお、一定の期間における傾向をはっきりと見るため、分析結果は５年刻みでデータをまとめ、２０１６年以降は、直近データの2018年までの3年間分をまとめています。

まず、出生率要因から見てみましょう。団塊ジュニアの出生が終わっている1976年以降のデータであるため、ほとんどの期間で、出生率要因は出生数の押し下げ圧力となりました。ただ、2006〜2015年の10年間のみは、押し上げに寄与しました。これは合計特殊出生率が2005年に1・26という最低を記録して以降、わずかながら回復傾向にあった時期に該当します。しかし、その他の要因が押し下げ圧力となったため、出生数は横ばいからわずかながら減少となりました。

2006年以降、合計特殊出生率が上昇したのは、多分に2005年の出生率が1・26という衝撃的な数字となったことの反動と考えられます。この時期、マスコミなどで盛んに少子化関連のニュースが取り上げられ、それに触発された夫婦もいたのでしょう。

とりわけ35歳以上の年齢層で顕著な出生率の上昇が見られ、全体の出生率を押し上げました。これは、団塊ジュニア前後の世代において、それまで出産を先送りしていた夫婦が、そのリバウンドとして、もしくはニュースを受けての社会的ブームに乗り、「駆け込み出産」的な動きをとったことを意味しています[1-3]。団塊ジュニアは、2006年に32〜35歳となっています。

しかし、２０１６年以降は、出生率が再び低下に転じ、出生数を押し下げる方向に働いています。人口規模の大きな団塊ジュニアの動向が出生数の変化に大きく影響を与えたことになりますが、２０１５年には彼らのうち最も若い人でも41歳となっており、すでに出産のピークが過ぎてしまったことに加え、団塊ジュニアよりも若い世代の出生率がなかなか上がってきていないことも影響しています。

次に、年齢構成要因です。年齢構成要因は、１９９１年から２００５年までは出生数の押し上げに寄与しましたが、それ以外の期間は押し下げ圧力となりました。年齢構成要因が出生数を押し上げた期間は、まさに団塊ジュニアが出産適齢期、すなわち出生率の高い20代から30代前半にあった時期に一致します。２００６年以降、年齢構成要因が出生数の押し下げに寄与したことは、人口規模が大きな団塊ジュニアの年齢が上がり、出産期女性の年齢構成が高齢化していることを表しています。

最後に人口要因ですが、１９９１年以降ずっと出生数の押し下げに寄与しています。社人研の人口推計によれば、この要因は、今後長期にわたり、出生数の減少に寄与し続けることが確実視されています。

「隠れベビーブーム」の存在とその終焉

要因分解分析の結果は、出生数のトレンドを追っているだけでは明らかになりにくい隠れた真実を示してくれます。出生数は１９７３年以降減少傾向にあり、第２次ベビーブーマー（団塊ジュニア）が親となることによって期待された「第３次ベビーブーム」は到来しなかったように見えます。第３次ベビーブームが来なかった原因を、団塊ジュニアの低出生率に帰結するような議論までが散見されます。しかし、図表１－４にある通り、20歳代後半の出生率は、団塊ジュニアよりも前の世代から明らかな低下傾向にあり、晩産化社会に向けた変化の過渡期にたまたま団塊ジュニアの出産適齢期が重なったにすぎません。

前述した要因分解を見れば、団塊ジュニアが20代であった１９９０年代は、年齢構成要因が出生数の押し上げに寄与していたことがわかります。また、２００６～２０１５年の間、出生率要因が出生数の押し上げ圧力となった背景には、団塊ジュニアの駆け込み出産的な動きがありました。この時期、表面的な出生数は、横ばいからマイナスで推移し、ベビーブー

図表1-4　母の年齢別に見た出生年別合計特殊出生率の推移

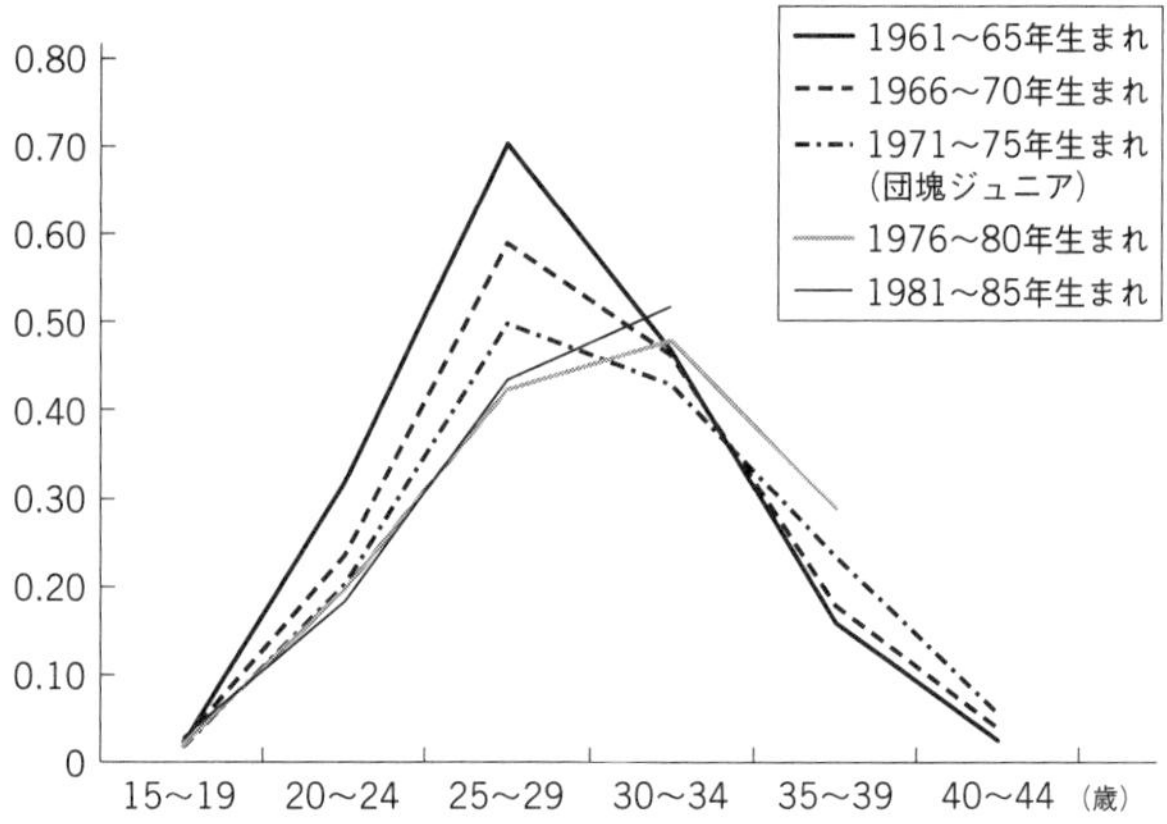
1961～65年生まれ
1966～70年生まれ
1971～75年生まれ
(団塊ジュニア)
1976～80年生まれ
1981～85年生まれ
0.80
0.70
0.60
0.50
0.40
0.30
0.20
0.10
0
15～19
20～24
25～29
30～34
35～39
40～44
(歳)

（出典）厚生労働省「人口動態統計年報 主要統計表」

ムは到来しませんでしたが、団塊ジュニアの動向が出生数の押し上げに寄与したことは間違いありません。

ただ１９９０年代は、団塊の世代の女性が出産期を脱したことと、わが国全体で出生率が低下傾向にあったことが重なり、人口要因と出生率要因による出生数の下押し圧力が、団塊ジュニアが出産適齢期に差しかかったことによる年齢構成要因の押し上げ圧力を覆い隠した形となりました。また、以前は20代後半に明確な出生率のピークがあったものが、団塊ジュニアでは明確なピークを持たず、２００６年以降に30代での駆け込み出産が増えたことも、第３次ベビーブームをわかりづらくした一因です。しかも、この時期、団塊ジュニアよりも若い世代の人口減少が著しく、その結果、わが国の人口構成が急速に高齢化したことが重なり、出生数は下がり続けました。

確かに、団塊ジュニアが出産適齢期だった時期には、見かけ上、第3次ベビーブームとも言えるような出生数の増加は見られませんでしたが、実は1991～2015年という長期にわたり、彼らが出生数の下支えに貢献したことは間違いありません。その結果、前述した通り、この間の出生数の減少ペースが、年平均▲0・8％の減少にとどまり、その前後の年平均およそ▲3・0％の減少に比べ、微減と言える状況になったのです。

言い換えれば、団塊ジュニアは「隠れベビーブーム」を形成したのです。ただ、そのピークが低く、裾野がなだらかであったことと、その他の世代の動態が出生数の押し下げに寄与したため、見かけ上ベビーブームとはならなかったのです。

そして、2019年は団塊ジュニアが全員45歳を上回り、出産適齢期を完全に脱したと考えられます。2019年の出生数が、このまま前年比▲5・9％の減少となるようであれば、それは団塊ジュニアの出産適齢期の終焉を告げる象徴的な出来事であるということを印象づけるものとなるでしょう。

もっとも、詳細データが公表されていない現状では、2019年の▲5・9%に団塊ジュニアがどこまで影響を与えたのかは明らかではありません。団塊ジュニアよりも若い世代の出生率の低下のほうが大きく寄与している可能性もあります。どちらにしても、わが国の人口構成を考えれば、今後、出生数を反転増加に転じさせることは極めて難しい局面に突入したと言えます。

「自然減、初の40万人超」の意味

〝出生数〟が大幅な減少となることが日経新聞1面を飾る4カ月前の2019年6月、2018年の人口動態調査の結果がまとまったことを受け、〝総人口〟が大幅な減少となったことが各紙で報じられました。そのときの代表的な見出しは、「自然減、初の40万人超」というものでした。[1-4]

自然減とは、出生数と死亡数の差分のことであり、現在は死亡数のほうが多いため、当然自然減の状態にあります。2007年に初めて自然減を記録して以降、減少幅は年々拡大しており、2018年、ついに40万人を超えたことが記事になったのです。

記事には、悲観的な数値や暗澹たるわが国の未来が描かれており、少子高齢化、人口減少のわが国の行く末を案じた読者も多かったはずです。すでに各所で問題視されている人手不足や今後のわが国経済への悪影響を懸念した人もいたことでしょう。2019年10月の消費増税を目前に控え、消費低迷への懸念を感じた人もあったはずです。

こうした自然減に関するニュースの受け止め方として、注意すべきことがあります。それは、「自然減40万人」という数字は、今後わが国がたどる人口動態の通過点にすぎないということです。自然減ということは、死亡数が出生数より多いということですが、わが国の場合、当然、死亡者のほとんどを高齢者が占めています。戦後、わが国の長寿命化を牽引してきた団塊の世代とその上の世代が高齢となり、いよいよ亡くなる方が増え、「多死社会」の様相を呈するようになりました。当面、多死の状況は続くことが見込まれており、一方で出生数が増加に転じる見込みが薄い状況では、自然減の拡大は当然の帰結です。

社人研の推計によれば、自然減は2040年頃まで拡大を続け、年間およそ90万人に達する見通しです。自然減だけに注目すれば、今後20年間、状況は悪化する一方であり、おそらく毎年、新聞紙上にわが国の行く末に対する悲観論が氾濫することになるのです。

しかし、自然減については、基本的にあまり気にする必要はないというのが、筆者の持論です。亡くなるのは高齢者が中心であり、現在の人口ピラミッドを見る限り、少なくとも団塊の世代の大半が亡くなるまでは、「多死社会」の状況が続くことが見込まれます。さらに視野を広げれば、団塊の世代よりも若い世代では多少人口が少なくなっているものの、その下に控える団塊ジュニアもボリュームが大きいため、彼らが高齢期に差しかかれば、亡くなる方は再び増えることになるでしょう。

すなわち、わが国にとって「多死」という社会問題は、2050年頃までは続く、予期される未来なのです。高齢者に対する年金・医療の問題が、わが国最大の懸案事項となっているとはいえ、それすらも予期されたことなのです。あえて言えば、過去数十年にわたり、予見可能であったはずの高齢社会に対する備えが不十分であった歴代政府の対応は、非難されてしかるべきでしょう。

しかし、「多死」自体は、予見可能なことであるとともに、自然の摂理でもあります。問題視するのならば、出生数の減少のほうではないでしょうか。出生数の減少は、今後100

年にわたる人口動態の帰趨を決してしまうものと言ってよいでしょう。

そういった意味では、2019年10月の日経新聞が取り上げた出生数減少に関する記事は、時宜を得たものであり、バズったネット世論の反応も適切なものであったと言えます。出生数の大幅減というニュースは、本格的な子育て支援、出産支援に踏み出すきっかけを与えてくれたのかもしれません。

出生数が反転増加する可能性はあるのか

出生数の減少は、女性の減少や高齢化、出生率の低位安定に起因することはすでに示した通りです。ここでは、もう少し詳しく、出生率が高まらない要因について掘り下げてみたいと思います。

現在のわが国の出生率は、フランスやスウェーデンなどに大きく水をあけられ、先進国の中でも低いほうのグループに入っており、1人の女性が生涯で出産する人数に相当する合計特殊出生率で見ると1・42（2018年）です。当面女性の人口減少が進むことが確実な状況では、出生率を引き上げる以外に出生数減少を抑制する方法はないことになりますが、これはとても難しいことであると考えられます。

出生率を引き上げることが難しい理由の1つに、すでに婚姻世帯は、「理想子ども数」や「予定子ども数」に近い水準まで子どもをつくっていることが挙げられます。[1-5] 2015年に社人研が実施した調査によれば、婚姻世帯の理想子ども数は全世代平均で2・32、予定子ども数は同じく2・01です。2015年の完結出生児数は1・94ですから、婚姻世帯に限っては、理想子ども数には及ばないものの、予定子ども数に近い水準までは子どもを生んでいる計算になります。すでに予定子ども数に近い子どもを持っている夫婦に、もう1人を期待しても難しいのではないでしょうか。[1-6]

問題は、理想子ども数と予定子ども数に差異があることと、それらが年を追うごとに下がり続けていることです。社人研の調査によれば、理想子ども数と予定子ども数に差異が生じている要因として、経済的要因と高齢出産を忌避していることが挙げられています。若い世代は、「子育てや教育にお金がかかりすぎるから」という理由で予定子ども数を抑えがちで、経済的に余裕が出てくる40歳以上になると、今度は高齢出産を忌避することで、結局予定子ども数が据え置かれてしまうのです。高齢出産を強要することが難しいとすれば、対応としては、若い世代の経済環境を改善することが重要ということになりそうです。

もう１つ出生率を引き上げることが容易でない理由に、未婚率の上昇や晩婚化があります。図表１－５は、女性の25～39歳の未婚率の変化を、５歳刻み、あるいは10歳刻みの世代別で表したものです。若い世代ほど未婚率が高いことをもって「今の若いもんは結婚もせんで」というようなことを、上の世代は軽々しく言ってしまいがちです。しかし、図表から未婚率の上昇は今に始まったことではなく、団塊の世代の直後の世代からすでに始まっていたことがわかります。その未婚率上昇の流れを大きく前進させたのは、１９６０年代生まれです。それまでは、若者の半数以上が、高校卒業後すぐに社会人として働き始めていましたが、１９６０年代以降に生まれた世代は、半数以上が大学や専門学校に進学するという道を選ぶようになります。必然的に社会に出るタイミングは遅れ、結婚も遅くなりがちです。２０１８年、平均初婚年齢は、男性で31・１歳、女性で29・４歳になりました。

団塊ジュニアは、結婚しない世代の代表格と見られがちですが、必ずしもそうとは言えません。この世代になり、ようやく未婚率の上昇に頭打ちの兆しが見え、現在35～39歳の未婚率は24％程度で踏みとどまっている状態なのです。

図表1-5　女性の年齢別に見た出生年別未婚率の推移

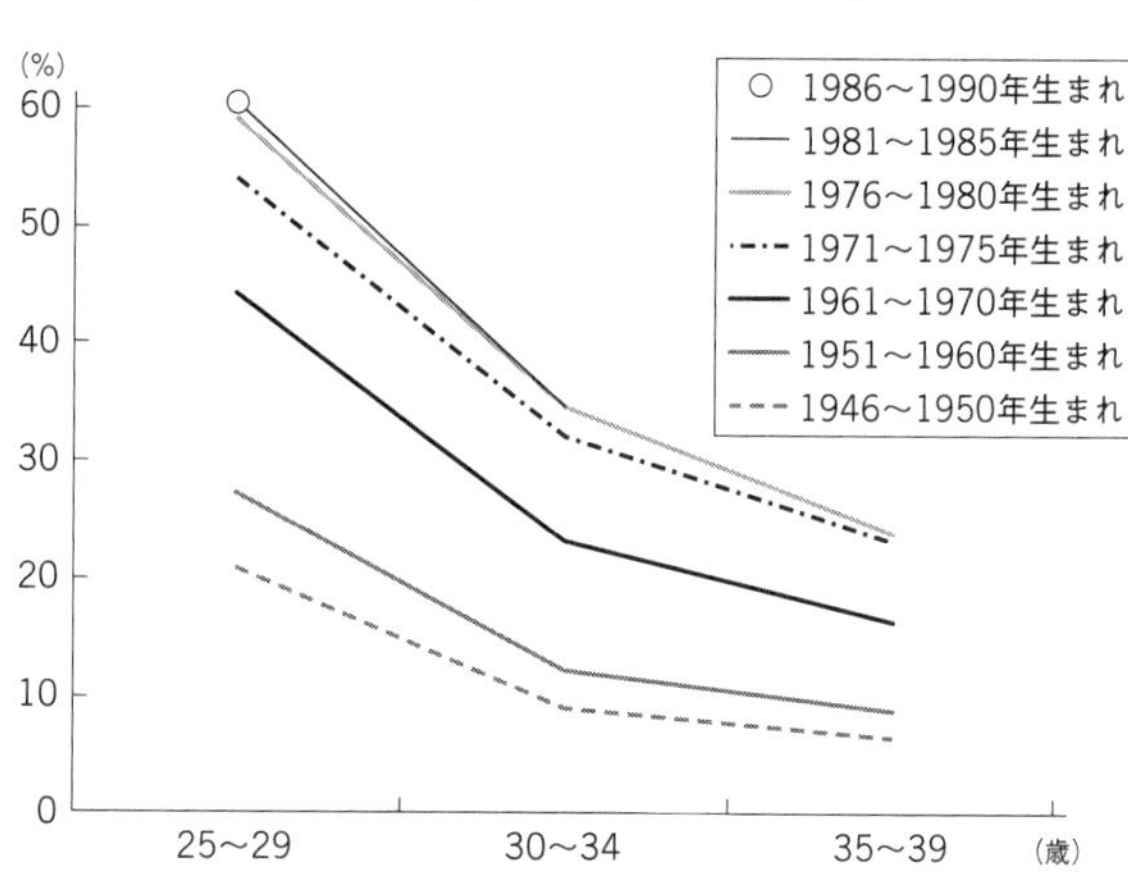

（出典）内閣府「令和元年版 少子化社会対策白書」

未婚率の上昇は、高学歴社会の当然の帰結です。諸外国と比較しても、決してわが国だけがひときわ高いということではありません。多くの先進国で、初婚年齢は30歳前後です。ただ、結婚と出産の順番にこだわるわが国の伝統的な価値観が揺るがない以上、子どもが欲しければ「結婚は早いほうが良い」というような、世話好きの親戚みたいなことしか言えなくなってしまいます。

出生数の反転増加に向けたかすかな希望が、図表1－4に見られる、1976年以降に生まれた世代の30代での出生率の上昇です。すなわち、今の若い世代が決して子どもを欲していないわけではないのです。ただ、そのための経済的な環境や就労先での立場などの準備が整わず、結婚や出産が後ろ倒しとなっているのです。女性の年齢で見た出産のピークは、団塊ジュニアまでは20代後半にあったものが、1976年以降に生まれた世代では、30代前半にずれ込んでいます。

男女とも結婚が後ろ倒しになるということ自体、妊娠・出産という生物的な行為を行うにあたっては決定的なマイナス要素であり、必然的に出生率を押し下げることになります。統計データを見ても、初婚年齢が低い女性ほど、生涯に生む子どもの数が多いことは明らかです。

また、図表1－5では、女性の未婚率のみ図示しましたが、とりわけ近年、加齢による男性の生殖能力の低下に注目が集まっています。すなわち、子どもを生むことを考えれば、男女とも結婚はなるべく早いほうがいいという、ごく当たり前の結論に帰着するのです。

しかし、団塊の世代と異なり、大学全入時代、多くが大学のみならず大学院にまで進学するような社会において、結婚を前倒しすることには限界があります。また、所得が低く、就労先でのポジションも固まっていない若い夫婦に、3人も4人も子どもを生み、キャリア上、長期のブランクを生じさせるようなことは強要できません。
そうした中でも、若い世代が、子を生み育てることに肯定的となれる社会をつくるために、筆者は大きく分けて2つのポイントがあると考えています。
①出産・子育てが不利益とならない社会をつくる
②若い世代の所得環境を改善する
極めて当たり前の指摘ですが、ここではポイントを挙げるにとどめ、具体的な内容については、第6章で議論したいと考えています。

【注】

1－1　2019年10月27日の「東洋経済オンライン」に掲載された記事による。

1－2　賦課方式とは、年金財源を、その時々の保険料収入によって賄う方式のこと。わが国では、賦課方式を採用しており、積み立て方式ではない。

1－3　金子隆一「わが国近年の出生率反転の要因について－出生率推計モデルを用いた期間効果分析－」人口問題研究66－2（2010.6）pp.1～25。

1－4　「読売新聞」朝刊1面2019年6月8日付。

1－5　「理想子ども数」は、夫婦が理想とする子どもの数。「予定子ども数」は、社会環境などを踏まえ、実際に夫婦が予定している子どもの数。

1－6　夫婦の完結出生児数とは、結婚持続期間が15～19年の夫婦の平均出生子ども数の値であり、夫婦の最終的な平均出生子ども数に近いと考えられる。

第 2 章

高齢者・女性・外国人頼みの限界

フランスの子どもの4分の1は少なくとも片親が外国籍

出生数が大幅に減少するという記事の根拠となっているのが、厚生労働省が取りまとめる人口動態調査です。この調査は、近年増えていると見られる外国人の動態については別表としてまとめているものの、基本的にわが国における「日本人」の出生数や死亡数、婚姻数などを集計したデータベースです。そのため、マスコミが出生数などを取り上げる際には、日本人にのみ言及した内容であることが一般的です。

では、わが国における外国人の出生数はどのような状況になっているのでしょうか。わが国の実態を見る前に、近年外国人の出生が増えているフランスの状況について、詳しく見てみたいと思います。

フランスは、1990年代後半から2010年にかけて出生率、出生数の回復が見られましたが、そこには外国人の貢献がありました（図表2－1）。2000年からの10年間の変化を見ると、年間の出生数は2・5万人増となりましたが、実はこの間、両親がフランス人というカップルから生まれた子は1・7万人減少しているのです。一方、フランス人と外国

図表2-1　フランスにおける両親の国籍別出生数の推移

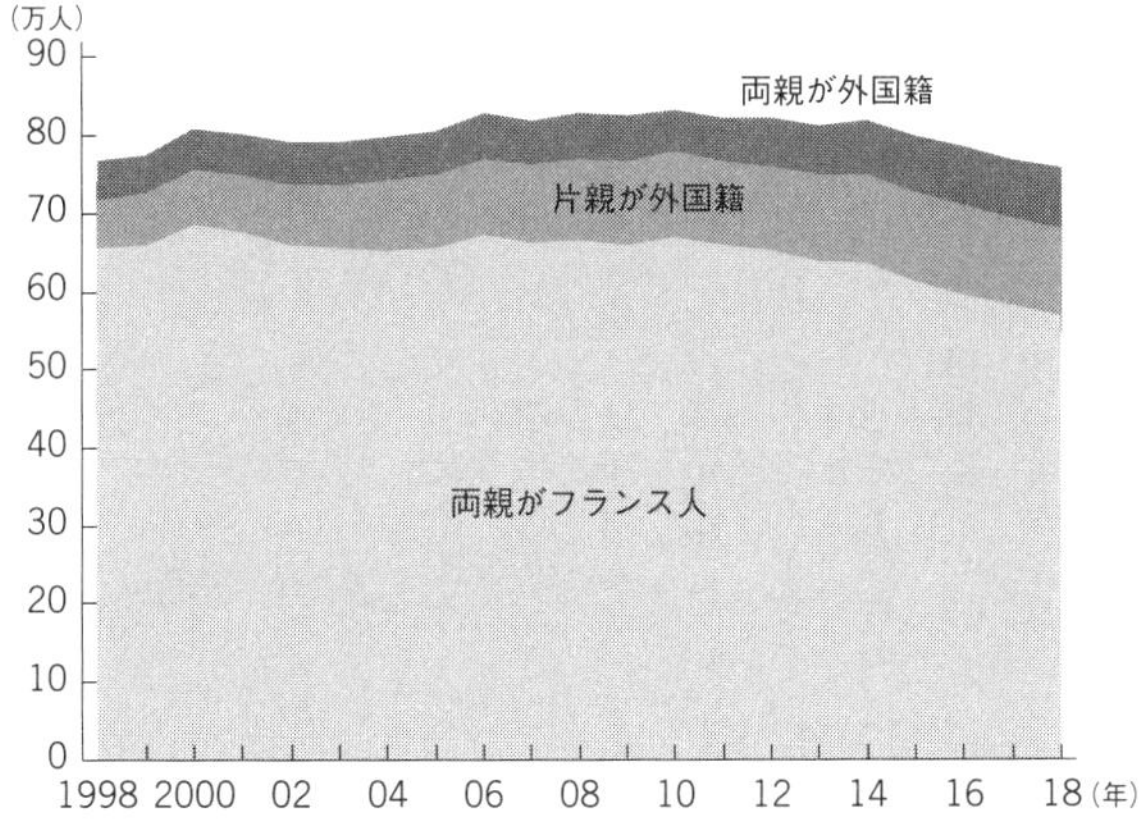

（出典）フランス国立統計経済研究所（INSEE）「statistiques de l'état civil.」

人のカップルから生まれた子は４万人増えています。

フランスの年間出生数は、２０１０年をピークに再び減少に転じ、２０１８年までの８年間で７・４万人の減少となりました。内訳を見ると、同期間、フランス人同士のカップルの子どもは９・８万人減少し、フランス人と外国人のカップルはおおむね横ばい、一方で外国人同士のカップルの子どもは２・４万人増えています。

特にフランス人同士のカップルから生まれる子どもの減少ペースが速まった２０１５年以降に注目すれば、フランス人と外国人のカップルの子どもまでもが減少に転じており、唯一、外国人同士のカップルの子どものみが増えている状況です。すなわち、フランスの出生数は、国際的な人口の流動化にともない流入した外国人により下支えされている面が否定できないのです。

フランス人カップルからの出生数の減少が響き、2010年頃には2・00を超えていたフランスの合計特殊出生率も、2015年頃から低下し始め、2018年には1・88まで下がってきています。フランス人カップルの出生数の減少ペースを、外国人による押し上げ効果がカバーしきれなくなったということなのです。そのため、2010年に83万人だった出生数は、2018年には76万人と、7万人も減少しています。

また、2000年には出生数の85％を占めていたフランス人カップルの子どもは、2018年には75％にまで低下しています。フランスでは、新生児の4人に1人が、少なくとも片親は外国籍ということになります。

近年、世界各地で移民排斥を訴える政党や団体の活動が活発化しており、フランスでも極右とされる政党が国政の重要なポジションを占めるまでに勢力を拡大しています。しかし、フランスでは、実態としてフランス人カップルの子どもの出生数が減少する中、外国にルーツを持つ子どもの数は着実に増え、存在感を高めています。

では、わが国における外国人の出生数はどのような状況にあるのでしょうか。住民基本台帳に、２０１２年からの外国人の出生数が取りまとめられています。そのデータによれば、外国人の出生数は年々増えてはいるものの、２０１８年の段階では1万人台にすぎず、全出生数に占める割合では2％に達していません。

現段階では、出生数に占める外国人の割合は低水準にとどまっていますが、一方で外国人労働者に対するわが国の門戸は確実に広がっています。フランスの水準までには届かないかもしれませんが、将来的にはわが国でも外国人の出生数が無視できないレベルに達することになるかもしれません。

そこで、次節では、わが国における外国人の流入状況について詳しく見ていくことにします。

外国人は増え続け、定着している

わが国においては、全出生数に占める外国人出生数の割合は2％に満たず、存在感を示すほどではありません。しかし、近年は技能実習生や高度人材など、労働力としての外国人の流入が増えています。総務省の人口推計によれば、2011年の東日本大震災にともない外国人は一時的に出国超過となったものの、2013年以降、再び入国超過に転じ、2018年には年間16万5000人の入国超過となっています。

統計は異なりますが、外国人の出入国の状況を把握する法務省の出入国管理統計によれば、近年の外国人の流入者数は、過去最高であった1991年と同水準にまで高まってきています。1990年、1991年は、入国した外国人の数が急増しましたが、これは1990年に実施された入国管理法の改正によって、ブラジルやペルーに暮らす日本人移民の子孫（日系人）に対し、長期滞在のビザを発給することができるようになったことが主因です。

わが国の場合、就労目的の入国は戦後一貫して高度人材に限定してきており、それ以外の外国人に対しては長期滞在を認めないことを原則としてきました。入国管理法を改正した当時のわが国は、バブル景気の終末期にあたり、企業では依然として人手不足の状況にありました。中でも、「きつい・汚い・危険」のいわゆる「3K」と呼ばれる職種で、人手不足が顕著でした。そこで、人手不足解消を目的として、景気低迷にあえぐ南米の日系人に目をつけたのです。1990年に実施された入国管理法の改正は、わが国が外国人政策に関し、高度人材以外の外国人に対して門戸を開く方向に大きく舵を切った、歴史的な出来事であったと言えます。

これにより、ブラジルなどから多数の日系人が、労働力としてわが国に流入するようになりました。日系人が最も増えたのはリーマンショック直前の2007年で、在留外国人全体の18％に当たる38万人となりました。制度上、入国した日系人は自由に職種を選ぶことができましたが、多くは非正規労働者として、人手不足の状況にあった製造業の現場で、生産の仕事に従事しました。

この時期入国した日系人は、大規模工場がある地域に集住して暮らす傾向があり、特定の市町村に外国人コミュニティが形成されていきました。移住当初は、生活ルールに対する理解の不足などにより、日本人住民との軋轢もありました。しかし、静岡県浜松市のように、生活ルールの周知徹底から通訳の配置や日本語教育まで、30年間に及ぶ地方自治体や地元自治会による取り組みの積み重ねにより、多文化共生の先進地とみなされるようになった地域もあります。バブル崩壊やリーマンショック、東日本大震災などを経て、多くの日系人が帰国したものの、一部は定住を選択し、最初に入国した日系人に子や孫が生まれ、すでにわが国の地域社会を構成する重要な一員となっています。

日系人への門戸解放の後、1993年には「外国人技能実習制度」が導入され、さらに2019年には「特定技能」資格も運用され始めており、高度人材以外の外国人に対するわが国就労への扉は、ゆっくりとではあるものの確実に開かれ始めています。さまざまな規制緩和や新しいルールの導入によって、わが国の在留外国人数は2018年には273万人となり、総人口比で2・2%に達しています。

また、わが国として積極的な受け入れを模索してきた高度外国人材については、2012年にポイント制による優遇措置を導入するなど、取り組みを強化しており、ここ数年は年率+50%のペースで伸びています。ただし、2018年末時点では、ポイント制による高度外国人は累計1万5000人と、全外国人の1%にも届いていません。同制度による外国人が数として存在感を示すようになるには、今しばらくの時間を要することになりそうです。

図表2-2　わが国における男女別・年齢別労働力人口の推移

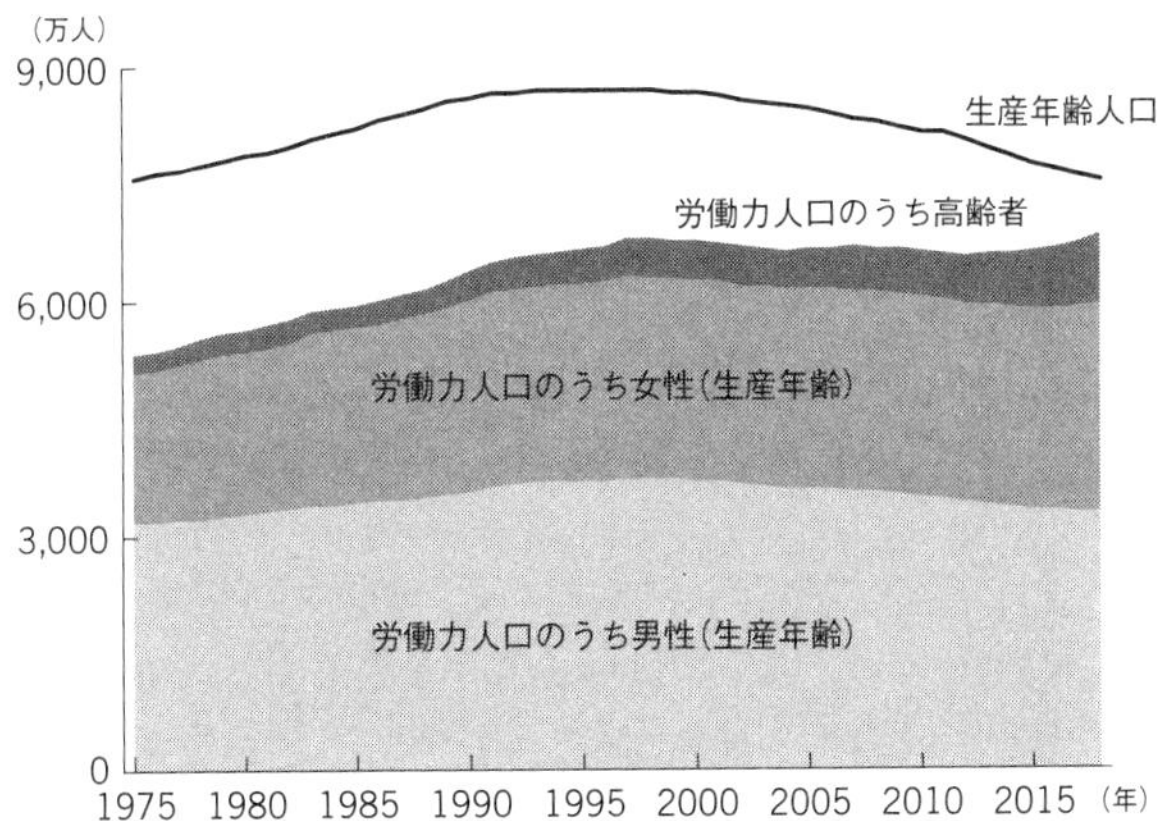

（出典）総務省「労働力調査」

高齢化が進んでも労働力が減らない背景

わが国では、人口減少や少子高齢化の進展により、深刻な労働力不足に陥っているとされています。しかし、計算上、わが国の労働力不足は、働く人の割合の上昇と外国人労働者によって大方補完されていると考えられます。

まず、わが国の生産年齢人口と労働力人口の推移を見てみましょう（図表２－２）。生産年齢人口とは、国内における15～64歳の人口のことであり、基本的に労働力の母数と考えられます。また、労働力人口とは、仕事を持っている人と求職活動している人の合計で、働く意思のある人と見ることが可能です。65歳以上の高齢者でも、働く意思があれば算入されます。

生産年齢人口は、早くも1997年にピークを迎えており、その後は一貫して減少傾向にあります。2018年には7550万人まで減少し、ピークからわずか20年で、1150万人（▲13％）減ったことになります。これだけの勢いで減少をたどれば、労働力不足となることは必然と考えてしまう人が多いでしょう。

しかし、労働力人口は、おおむね横ばいで推移してきており、足元ではわずかながら増加に転じています。労働力人口の緩やかな伸びが見られる2014年以降に限れば、生産年齢人口が280万人減少しているにもかかわらず、逆に労働力人口は220万人増えています。同期間、生産年齢の男性による労働力人口は54万人減少しましたが、高齢者と女性、加えて外国人の労働参加が全体を押し上げているのです。

特に、高齢者の労働力人口の増加が顕著です。これは、団塊の世代の人口の多さと労働力人口比率の高まりによるものです。労働力人口比率は、総人口に占める労働力人口の割合を指します。

現在、団塊の世代は70歳を超えていますが、彼らは高齢でありながら、それ以前の世代に比べ、高い労働力人口比率を維持し、わが国の労働力を大幅に押し上げています。彼らは、定年退職後、継続雇用や新たに仕事を見つけるなど、何らかの形で働き続けることを選択した人が多かったということになります。コンビニエンスストアの店員や工事現場における交通誘導員などは、一昔前であれば、若者のアルバイトが多かったように記憶していますが、今では年齢層がぐっと上がった印象です。

次に、女性の労働参加について見てみましょう。近年わが国では、女性の労働参加が急速に進み、就業率が直近10年間で10％ポイント以上高まり、68・５％になりました（図表２－３）。とりわけ注目すべきは、就業率に失業率を合わせた労働力人口比率で見ると、以前はわが国よりも高かったアメリカ、フランスを上回る水準にまで高まっていることです。近年、特に20代後半から30代にかけての労働力人口比率の上昇が顕著です。以前は出産から育児のために多くの女性がいったん仕事から離れることにより生じていた、年代別労働力人口比率のM字カーブが、近年はほとんど解消されています。

高齢者と女性の労働力人口が増加傾向にある背景には、人手不足の深刻化とともに、政府

図表2-3　女性の労働力人口比率の国際比較と日本人女性の就業率

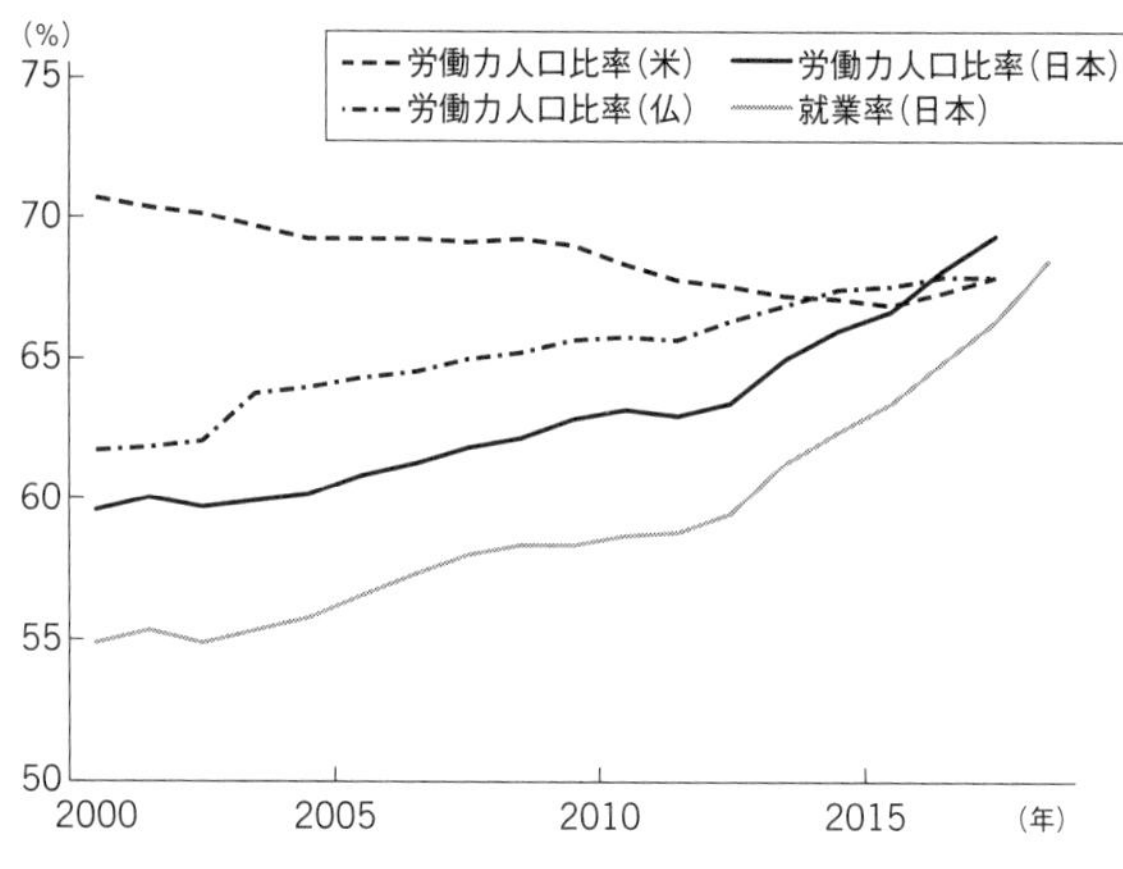

(注) 労働力人口は、就業者と失業者の合計
(出典) 総務省「労働力調査」、OECD データベース

による就労支援の効果も出ていると考えられます。しかし、世帯所得の伸び悩みによる生活苦や将来不安などから、高齢者や女性が、希望に反して働かざるをえなくなっている場合も想定されることから、もろ手を上げて喜ぶべきことかどうかは、評価が分かれるところでしょう。ただし、働く人の総数にだけ注目すれば、極端に減少している状況にはないという見方が妥当です。

こうした労働力の下支えとして、外国人も一定の貢献を果たしています。労働力人口の伸びが著しい2014年以降に限れば、外国人労働者数は、2018年

図表2-4　在留資格別外国人労働者数の推移

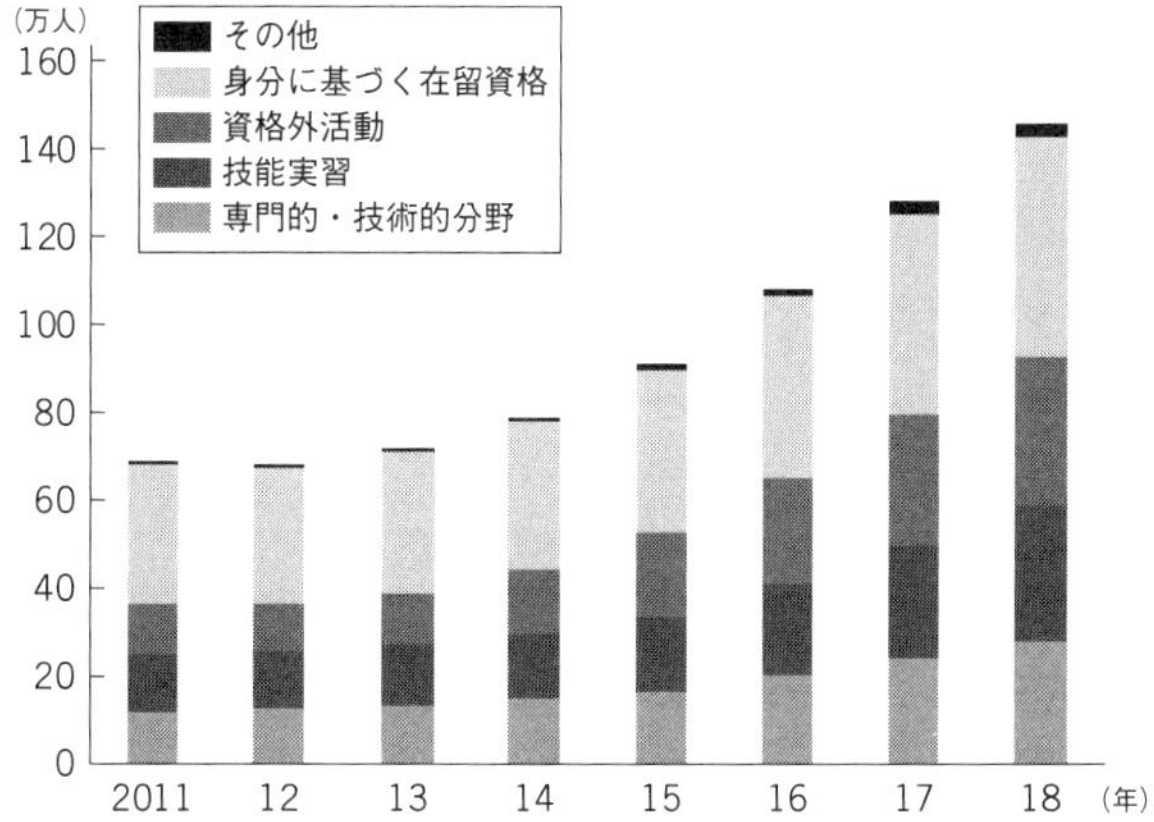

（注）留学生は「資格外活動」、日系人は「身分に基づく在留資格」に分類
（出典）厚生労働省「『外国人雇用状況』の届出状況まとめ」

までに67万人増えました（図表２－４）。同期間に増加した全労働力人口の30％は、外国人が担っていることになります。

しかも、見落としてはいけない重要なポイントは、新たにわが国に定着する外国人の大半が〝若い〟ということです。総務省の人口推計によれば、２０１８年にわが国に入国超過となった外国人数は16万５０００人でしたが、その91％が10代後半から20代に集中しています。技能実習生や高度人材のほか、時間制限はあるもののアルバイトなどに従事する留学生の大半が若者です。都市部では、コン

図表2-5　年齢別 わが国の総人口に占める外国人の割合（2018年）

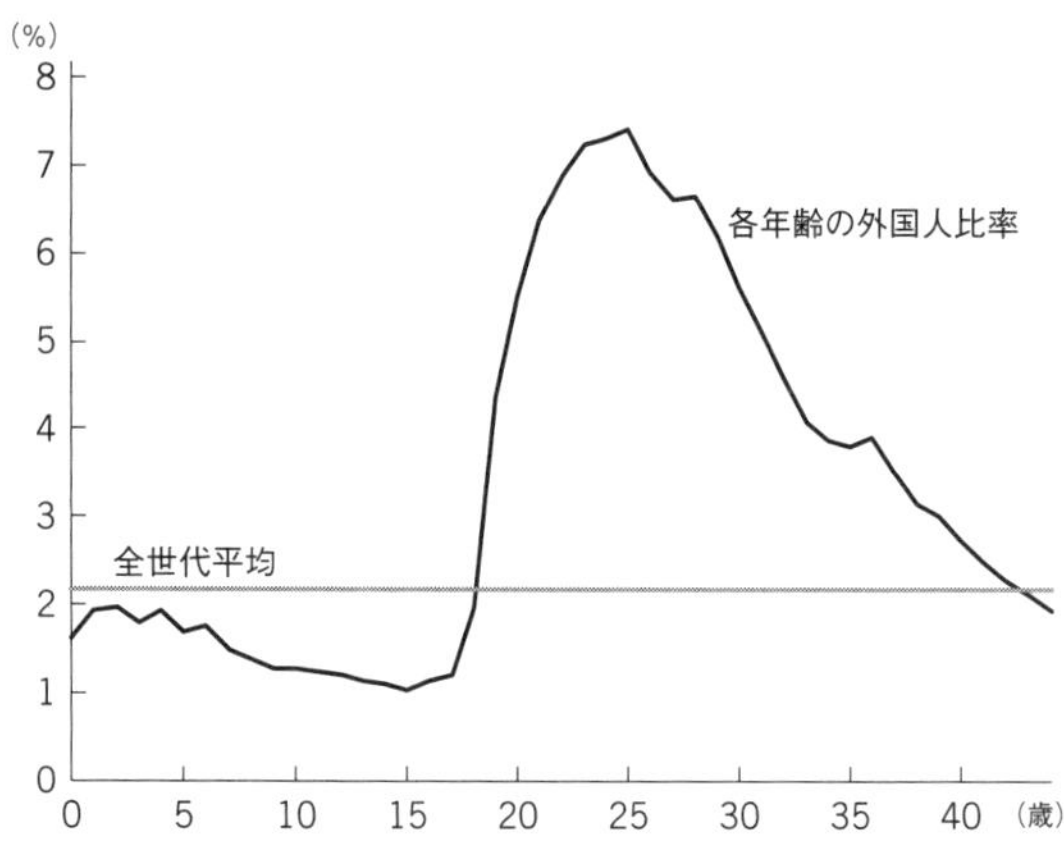

（出典）総務省「人口推計」、法務省「出入国管理統計」

ビニエンスストアの店員のかなりの割合が、外国人に置き換わっています。

総人口（外国人を含む）に占める外国人の割合は、全世代平均では２・２％にすぎないものの、23〜25歳に限れば７％を上回る状況にあります（図表２―５）。すなわち、当該世代では、すでに人口の14人に１人が外国人であるということになります。しかも、その世代の外国人の多くが、労働時間の多寡はあれど、労働者としての一面を持っています。

わが国では、少子化が進む一方で、外国人雇用が急速に、しかも積極的に広げられています。一昔前、外国人労働者や移民に対して門戸を広げることについては、議論の俎上に載せることすらはばかられる国民世論や政治的背景がありました。しかし、本格的な議論が行われる前に、実態はどんどん先行して進んでいると言ってよいでしょう。

政府としては、積極的な外国人労働者の活用を図ってはいるものの、「移民」とは一線を画し、あくまで労働力としての外国人活用という姿勢を崩していません。しかし、わが国の労働市場は、すでに外国人なくしては考えられない状況となっており、しかも各地にコミュニティを形成するなど、わが国における彼らの存在感は高まり続けています。

そして、こうした状況は、おそらく当面続くことが予想されます。２０１９年に運用が開始されたばかりの「特定技能」資格で入国する外国人は、今のところ少数にとどまっているものの、政府も本格的な制度の普及に力を入れ始めました。２０１９年秋に行われた「特定技能」資格取得のための試験では、応募者が早々に予定数に達してしまうケースが相次ぎました[2-1]。

さらに、２０１２年に始まったポイント制による高度外国人材の受け入れについても、まだまだ実数としては少数にとどまっているものの、近年急速な勢いで伸びています。今後、これまで以上に外国人材の存在感が増していくことは間違いありません。望むと望まざるとにかかわらず、わが国の労働力の減少は、これからも外国人材によって一定程度カバーされていくことになるのです。

少子化の本当の影響はこれから出る

わが国では、人手不足と言われながらも、ここまでは外国人の流入や高齢者、女性の就業率の上昇によって、実質的に労働力人口はわずかながらも増加傾向にあり、どうにか帳尻は合っているように見えます。では、今後出生数のさらなる減少にともない予想されるわが国の労働力不足は、これまでと同じように、追加的な労働供給によってカバーできると考えて良いものなのでしょうか。

それについては、かなり悲観的な見通しを持っておくことが必要です。その理由は、労働力としての量の問題と、とりわけ外国人が就く仕事の職種や地域のミスマッチの2つの側面から指摘可能です。

まず、量の問題から見てみましょう。

わが国が、ここまで一定の労働力人口を維持してこられたのは、団塊の世代を中心とする高齢者の労働参加の恩恵が大変大きかったと考えられます。しかし、団塊の世代も、２０１９年に最も若い人でも70歳となりました。団塊の世代が60代を脱したことにより、当該年代の労働力人口は、２０１７年をピークに減少に転じています。団塊の世代に比べ、それより少し若い世代は人口が少ないため、この世代の労働力人口比率を大幅に高めない限り、５年後のこの世代の労働力人口が大きく減少することは避けられません。ちなみに、５年後の60代後半の労働力人口を現在と同水準で維持するためには、現在47％程度の労働力人口比率を60％まで引き上げなければならない計算となります。

また、依然として70歳以上の労働力人口は増えているものの、団塊の世代もいつまでも働き続けることは難しいでしょう。この世代の労働力人口も、近い将来横ばいから減少に転じる時期が来ることは確実です。労働力人口比率をどこまで高められるかにかかっているとはいえ、高齢者による労働供給はそろそろ限界に近づいていると見ています。

女性の労働供給については、さらに厳しい面があります。女性の労働力人口比率が高まっていることは事実ですが、そもそも女性の生産年齢人口が減少傾向にあるため、労働力人口の押し上げ効果はわずかにとどまっているのが現状です。労働力人口比率が急上昇した過去10年間を見ても、女性の労働力人口は100万人しか増えていません。同期間、高齢者の労働力人口が300万人増加していることから比べると、かなり見劣りします。

こちらも、労働力人口比率をどこまで高められるかにかかっていますが、すでに働く女性の比率が世界でもかなり高い水準にある現状を踏まえれば、今後追加的な労働力を女性に期待するのは難しいと考えられます。

また、若い世代についても、追加的な労働力という意味では、悲観的に見ておくことが必要です。この章を執筆している最中、ちょうど2020年の成人の日のことがニュースとして取り上げられていました。ニュースは、2019年中に20歳に達した人口（新成人）が、122万人であったことを報じていました。

少子化が叫ばれてかなりの年月がたちますが、意外なことに、過去10年を振り返ると、新成人の数にほとんど変化はなく、おおむね120万人台で推移してきました。これは、過去10年間の新成人が生まれた1990年から2000年にかけてが、ちょうど団塊ジュニアの出産適齢期と重なっていたことが主因です。この時期は、団塊ジュニアの隠れベビーブームによって、出生数の減少スピードが緩和した時期だったのです。

ところが、２０２１年以降、新成人数は下げ足を速めていきます。今後のわずか20年間で、約30万人の減少が見込まれます。すなわち、本当の少子化の影響はこれから訪れると考えておく必要があるのです。

さて、日本人による労働力人口の押し上げが期待できない中で、外国人の取り込みによって、わが国の労働力人口を維持することは可能なのでしょうか。現実的には、外国人の流入拡大によっても、わが国の人手不足をカバーすることが難しい局面が到来することは確実です。

現在、生産年齢人口は、毎年50万人程度減少していますが、今後さらに減少幅は拡大していきます。社人研の推計によれば、外国人を足し合わせても、生産年齢人口の減少幅は年間１００万人以上となることが見込まれる年もあるのです。現在、年間16万５０００人の外国人の入国超過数が多少増えるくらいで、埋め合わせられる程度の減少数ではないのです。

例えば、２０６５年までに、年齢別の労働力人口比率が今よりも各年代で５％ポイント以上高まるという現実的にはかなり厳しい仮定をおいても、全世代の平均労働力人口比率は現在とほとんど変わらず、労働力人口は５０００万人を割り込む見通しです。これは、どうがんばっても高齢者が現役世代と同様に働くことが難しい中、わが国の人口構成が高齢化することが、労働力人口比率の上昇による効果を相殺してしまうからです。

外国人の就労を阻む2つのハードル

次に、労働力不足の解消が困難な理由を、外国人が就く仕事の職種や地域のミスマッチの面から見てみましょう。

まず、職種についてです。今のところ外国人が就く職種については、わが国の就業者比率に比べると、異なる分野に集中する傾向にあります。図表２－６に示した通り、外国人は、「製造業」や「宿泊業、飲食サービス業」への就業率が高いことがわかります。都市部では、ここ数年、外食産業で働く外国人が増えたことを実感されている読者も多いことでしょう。

逆に外国人の就業者比率が低いのが、「医療、福祉」です。政府では、介護産業への就業を促す仕組みをつくっていますが、資格を必要とするこの分野への就業は、外国人にとって

図表2-6 業種別、わが国就業者比率と外国人就業者比率

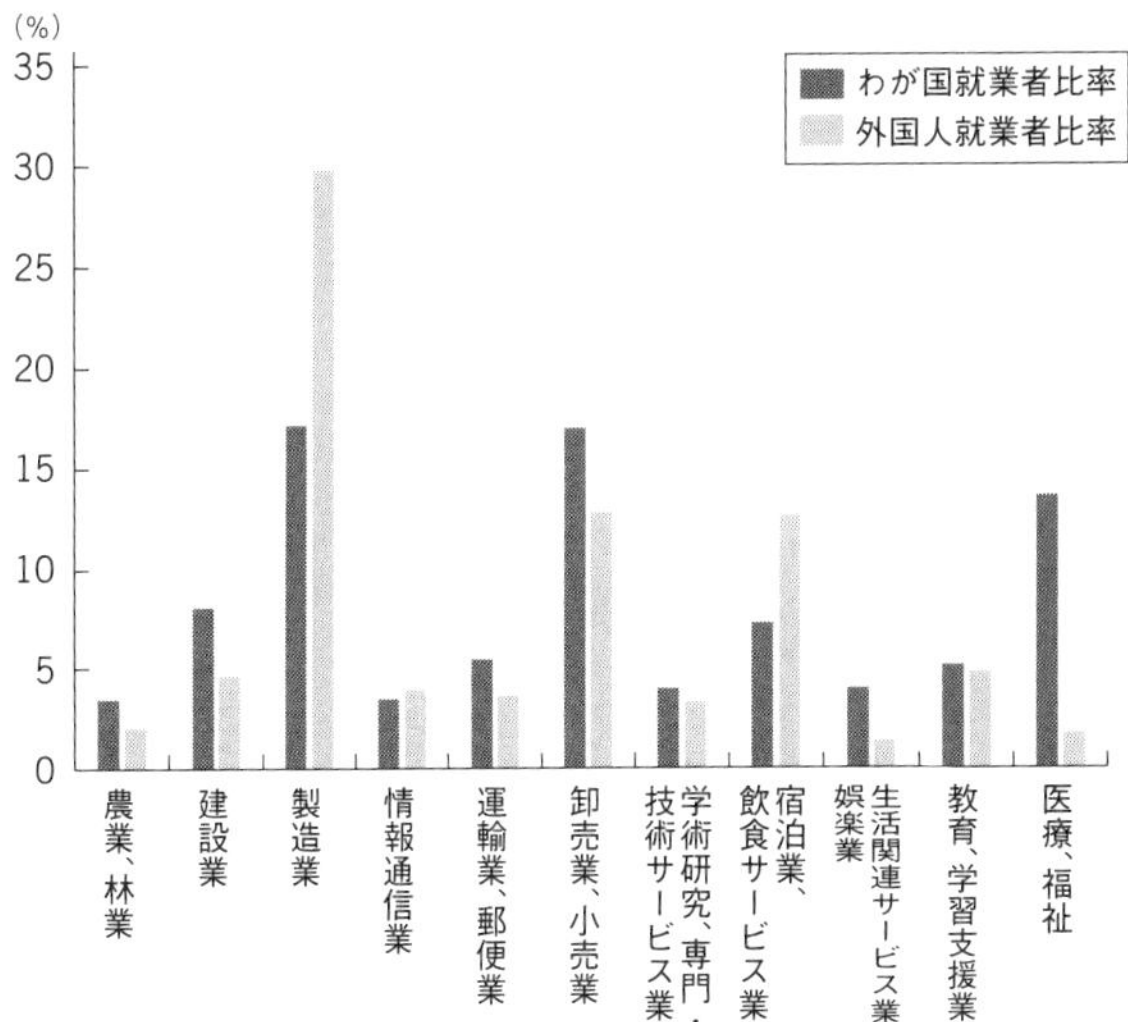

（出典）厚生労働省「『外国人雇用状況』の届出状況まとめ」、総務省「労働力調査」

まだまだハードルが高いようです。

また、わが国全体で就業人口が少ないこともあり、外国人が極端に少ないようには見えないものの、「運輸業、郵便業」も外国人の参入が少ない業種の1つです。一般に人手不足の業種というと、「介護」や「建設」をイメージすることが多いと思われますが、現在わが国で最も人手不足に陥っている産業は「運輸」です。大型トラックの運転手の不足は、わが国の構造

的な問題にほかなりませんし、地域によっては、バス、タクシーの運転手のなり手も足りません。

それには大きく2つの理由があります。第1に、一定サイズ以上の自動車を運転するためには、通常の運転免許証以外にも、大型自動車の免許や旅客運送に就くことができる二種免許の取得が必要になります。その取得が1つのハードルとなっているのです。また、宅配など、小型の自動車でも対応可能な業種もありますが、伝票の住所判別や出先での電話対応など、求められる要件が比較的高いことも、外国人のドライバーへの就業を阻む障壁となっています。

もう1つ、こちらのほうがより根本的なハードルと言えますが、そもそも就業ビザとして「運転手」が設定されていないことが挙げられます。また、「技能実習」や新たに設定された「特定技能」でも、運転を生業にする人の就労を想定してはいないのです。通常、人手不足の解消や産業競争力を引き上げるために外国人労働者の導入が必要とされる業種では、業界団体が中心となり、政府への規制緩和を求めるロビー活動が活発化します。

しかし、ここまで運輸業界には目立った動きが認められません。少し古い資料となりますが、公益社団法人全日本トラック協会が取りまとめた『平成20年度版トラック輸送産業の現状と課題』では、「外国人ドライバーの採用については、我が国固有の社会環境などから、さまざまな課題が残る」と一言で片づけてしまっています。こうしたこともあり、ドライバーという業種は、外国人への門戸が依然として閉ざされたままとなっているのです。

2019年2月、わが国産業界全体の業界団体と言える経済同友会が、物流部門の改革に向けたプランを提言しました。多岐にわたる提言の1つとして、安全性担保を前提に外国人ドライバーに在留資格を付与するべきという指摘をしています。極めてまっとうな提言と言えます。カーナビや地図情報サービスが進化し、外国人旅行者が日本人の助けなしに国内のあらゆるエリアを自由に動き回ることができる時代に、人手不足の運輸業界が外国人ドライバーを拒むことにいかなる理由があるというのでしょうか。

次に、外国人就労における地域のミスマッチについてです。全国各地に定着が進む外国人労働者ですが、わが国全体で見れば明確な地域性が認められます。地域偏在と言っても良いでしょう。

自動車製造などの大規模工場が立地する地域に外国人が集住する傾向があることは周知の

図表2-7　都道府県別、日本人転入超過率と外国人入国超過率の関係

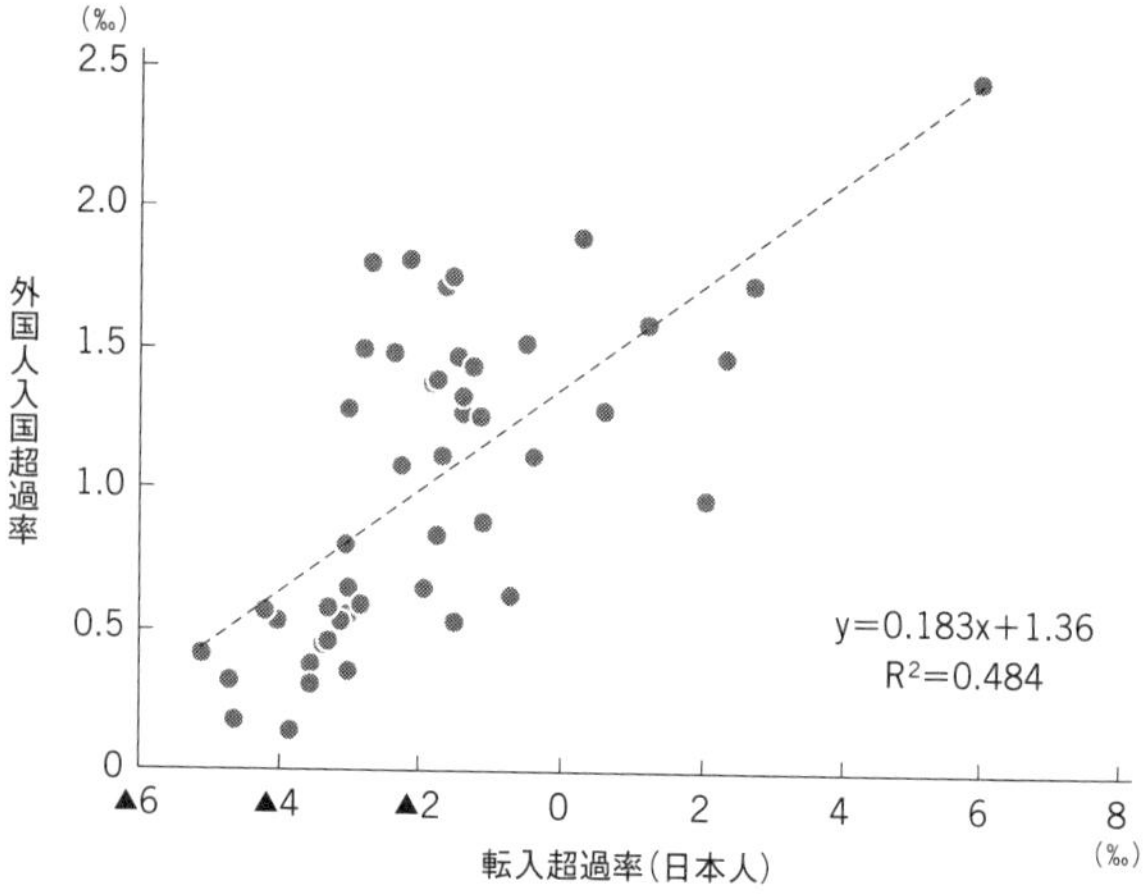

(注) 日本人転入超過率は直近4年間の平均、外国人入国超過率は2018年度
(出典) 総務省「人口推計」、「住民基本台帳人口移動報告」

通りですが、わが国全体で見れば、やはり経済活力のあるエリアで働き、暮らす外国人が多くなっています。図表2－7に示した通り、わが国に入国する外国人が定着するのは、経済活力があり、日本人の移動を見ても、人口吸引力の強い都道府県であることがわかります。

1993年に制定された「外国人技能実習制度」により入国した外国人は自由な転職や転居が認められていませんが、今後、政府が力を入れようとしている高度人材や「特定技能」資格では転職・転居が可能です。当然、外国人労働者の地域偏在は、これまで以上にはっきりとしてくることでしょう。日本人の流出が顕著である地域において、人手不足を外国人労働者で埋めようとしても期待通りとはならないことが予想されます。結局、地方の経済基盤に厚みを持たせ、労働者の所得水準を引き上げるなど、地域経済の活性化と雇用の質の改善なくしては、外国人の定着を期すことすら難しいのではないでしょうか。

このままでは外国人が来てくれなくなる

わが国では、生産年齢人口は、１９９８年から一貫して減り続けていますが、外国人労働者の増加や女性、高齢者の労働力人口比率の上昇で埋め合わせて、どうにかここまでは労働力人口を維持してきました。しかし、これからは人口減少が加速することは確実であり、しかも高齢者や女性の就業率の引き上げは限界に近く、外国人労働者を多少増やすだけでは現水準の労働力を維持することは難しいでしょう。

すなわち、日本人、外国人を問わず、人口、あるいは労働力の増加を前提とした経済政策や地域政策は、限界に近づいているということなのです。たとえ人口が減少しても、力強く成長できる国・地域にならなければ、最後の頼みの綱とも言える外国人の獲得すら厳しい現実に直面することになるのです。

そして、将来のわが国の労働力として、外国人労働者をあてにしたシナリオの最大の弱点がまさにここにあります。今後も経済成長率が伸び悩み、労働者の所得が伸びない状況が続くようなことがあれば、わが国経済が諸外国に比べ相対的に地盤沈下を起こし、外国人にとって魅力的な国ではなくなってしまうことでしょう。外国人から見て、「稼げない国」というレッテルを貼られてしまうということなのです。今後、外国人の流入数が減少に転じる可能性も否定しえません。こうしたシナリオは、わが国にとって最悪のものと言えます。

外国人労働者の中で最大勢力である中国出身者数の伸び率は、近年1ケタ台にとどまっています。これは、わが国と中国の所得格差が小さくなっていることが最大の要因です。中国からの労働者数は、1～2年のうちに、急速に伸びているベトナム出身者に抜かれることになるでしょう。ただし、中国に代わってベトナムが出てきたように、いつでも代わりがある、と考えるのは安易すぎます。

近隣諸国の所得水準が上がっている現状では、いつまでも世界のどこかにわが国にとってのフロンティアがあり続けるとは限りません。３Ｋの仕事やわが国の若者が敬遠する業種で人手が足りないから、その穴埋めに外国人を導入するという発想では、いずれ誰も来てくれなくなります。

わが国が外国人に選ばれる国であり続けるためには、やはり一定の経済成長が必要です。経済成長するからこそ、外国人に選ばれる国であり続けられ、そして流入してくる高度な技能を有する外国人が、わが国にさらなる富をもたらしてくれるのです。そうした好循環を生み出すべく、外国人政策を再検討することが求められています。

【注】

2―1　高坂晶子「新在留資格『特定技能』とは」時事通信社『地方自治 地方政策ＷＡＴＣＨ』２０１９年12月23日号。

第 3 章

地方への
移住促進政策の誤り

経済成長に立ちはだかる大きな壁

ここまで、人口動態のデータをもとに、やや悲観的にわが国の将来について見てきました。2019年は出生数の大幅な減少が見込まれ、それによって、今後、人口減少が加速することは避けられません。生産年齢人口の減少による労働力不足も、ここまでは高齢者や外国人の労働参加によってどうにか数の上では補填することができていましたが、今後についてはかなり悲観的な見通しを持たざるをえません。

懸念される労働力不足への対応は大きく分けて2つです。簡単に言ってしまえば、人口減少のペースを緩和することと、たとえ人口が減っても持続可能な社会システムを構築することです。

まず、人口減対策、とりわけ出生数を引き上げていくための取り組みは喫緊の課題です。しかしながら、出生数を確実に増加に至らしめる政策を提示することは難しく、しかも今、出生率がV字回復を果たしたとしても、労働力としてカウントできるのは20年ほど先の話です。

図表3-1　わが国の生産年齢人口と合計特殊出生率の推計値

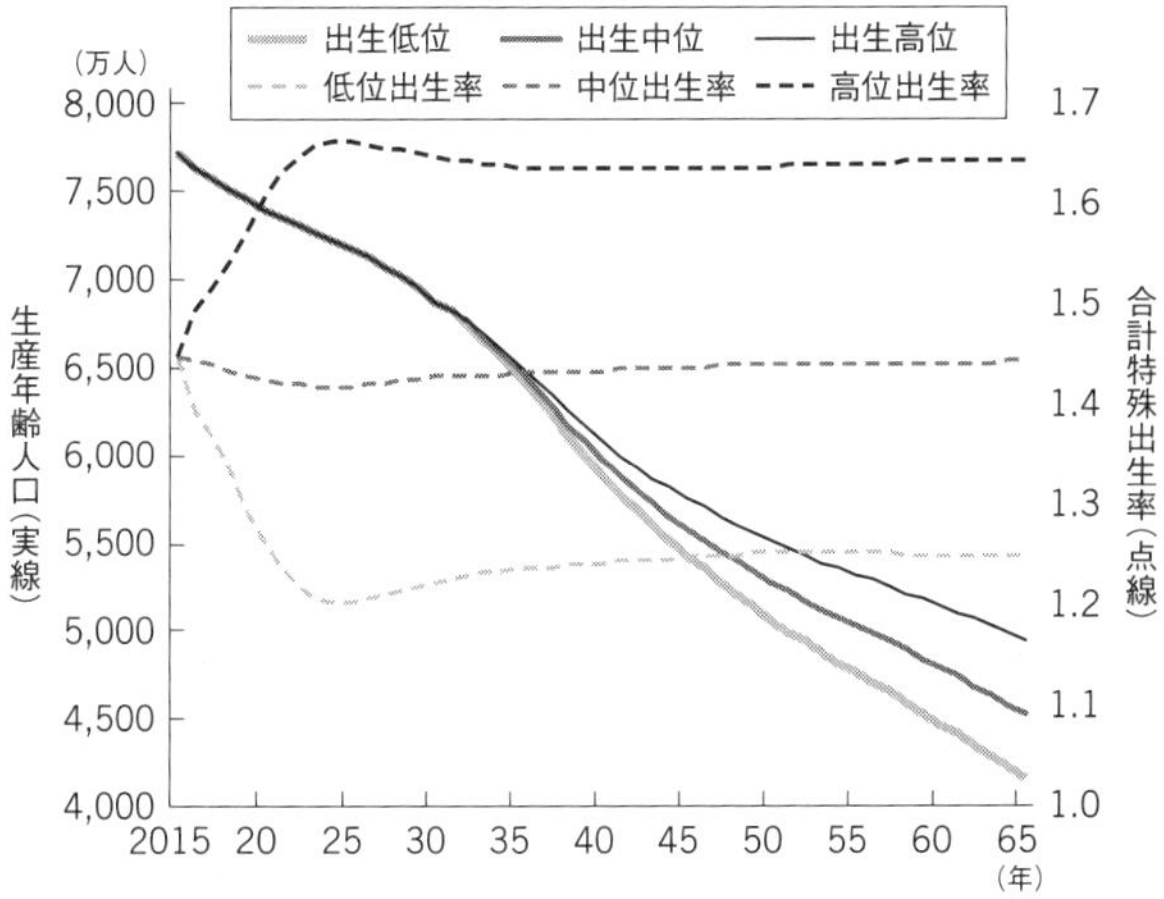

（出典）国立社会保障・人口問題研究所「日本の将来人口推計」

社人研の最新将来人口推計（２０１７推計）によれば、たとえ合計特殊出生率が、現在の水準から見れば夢のような１・６以上の高位で推移したとしても、２０３５年以降の生産年齢人口の押し上げ効果は微々たるものです（図表３－１）。しかも、その高い出生率を維持できたとしても、生産年齢人口の減少に歯止めをかけるには至らず、その後も減り続けることになります。当然、企業が働き手を確保することはますます難しくなっていくでしょう。

私たち日本人は、半恒久的な人口減少を踏まえ、たとえ人口が減っていくとしても、経済や社会を持続的に運営可能とする新たなシステムを生み出していかなければならないのです。しかし、こちらにも、戦後70有余年にわたり積み上げ、コンクリートで塗り固めてきたような強固な社会システムを打破するという難題が立ちはだかっています。

例えば、数値上、女性の就業率は高まり、年齢別労働力人口比率のM字カーブはほぼ解消されたかのようです。しかし、これほどまでに人手不足が叫ばれながら、働く女性の多くはいまだ非正規です。たとえ正規雇用であっても、平均賃金は男性よりも低い水準に抑えられています。制度上、男女雇用機会均等が進み、労働力人口比率も男女の格差が小さくなってきているように見えても、性差による雇用実態には、依然として見えない壁があるのです。そして、各所に残るさまざまな見えない壁が、わが国の経済成長を低水準に押しとどめているると考えられます。

こうした構造問題は、見方によっては人口減少よりも重大な課題であり、その解決のためには、社会の変化を押しとどめている問題の本質に切り込まなければならないこともあるでしょう。本章では、人口問題とともに、わが国の経済成長を妨げる構造的な諸課題について考えていきたいと思います。

日本はすでに豊かな国ではない

人口減少にともない、国内総生産（ＧＤＰ）の伸びは低水準にとどまっています。しかし、１人当たりのＧＤＰが増えれば、国民一人ひとりは豊かになっていくわけですから、それで十分という考え方もあるでしょう。

問題は、その１人当たりＧＤＰが伸び悩んでいることです。わが国経済は、世界の中でどんどん地盤沈下しています。１９９５年に、ドル換算の１人当たりＧＤＰがルクセンブルク、スイスに次いで世界第3位だったわが国経済は、それ以後ほぼゼロ成長からマイナス成長をたどり、２０１８年には26位まで落ち込んでしまいました。円安の影響があるとはいえ、わが国経済の低成長ぶりは明らかです。

近年、わが国では外国人旅行者が増え、史上最高となったことを喜ぶ風潮があります。しかしこれは、外国人にとって、わが国が相対的に安価に旅行できる国になったことが一因です。当然、日本人にとっては、海外旅行が割高となっているわけですから、手放しで喜ぶべきことかどうかは微妙なところです。直近まで、外国人旅行者の増加を手放しで喜ぶ政府関係者も多かったように思いますが、ここへ来てようやく、わが国が〝安い国〟になってしまったことを自覚する報道を目にするようになりました。

国内にとどまっているとわかりにくいのですが、たまに海外に行くと、例えばラーメン1杯の値段やホテルの料金などの物価の高さに、わが国経済の地盤沈下を痛感させられた経験をしたことのある人も多いでしょう。筆者自身の経験ですが、数年前、中国・北京の中心街で、昼食にビーフンとスイカジュースを注文しようと値段を確認したら、日本円で2000円近かったことには、さすがに驚きました。それが、とりわけ高級店なら致し方ないのですが、普通に地元の人々が入るようなファストフード的な構えの店舗だったのです。中国の中でもとりわけ北京では、賃金水準が劇的に上がっており、日本人である私たちですらやや割高に感じる日系のコンビニエンスストアやスターバックス コーヒーで、若い市民が普通に買い物や飲食を楽しんでいます。

このところ、わが国では、1人当たりGDPの伸びが滞っており、2010年以降、実質で年平均+1・1%、名目でも+1・3%にすぎません。実質成長率で見れば、他の先進国も低成長にあえいでおり、必ずしもわが国だけが突出して低い状況にあるとは言い切れません。ただ、名目成長率では、デフレの影響が色濃いわが国よりも低い国は数えるほどしかありません。東日本大震災を挟んでいるとはいえ、近年、わが国は豊かな国から普通の国になりつつあるという認識は必要でしょう。

なぜ成長率が低いのか

わが国の成長率が低水準にとどまっている理由には、どのようなことが考えられるのでしょうか。低成長の理由を明らかにするため、経済成長率を要因分解してみました。その際、合わせて地域性による差異も明らかにするため、県民経済計算などのデータを用い、東京圏と地方圏に分けて分析しました。また、物価上昇の影響を排除するため、ここでは実質経済成長率のデータを用いて分析しています。

図表3－2は、東京圏と地方圏に分け、それぞれの経済成長率を「資本の伸び（資本寄与分）」「労働投入量の伸び（労働寄与分）」「全要素生産性の伸び（TFP寄与分）」に要因分解したものです。直近データとともに、1980年代のわが国経済についても同様の分析を行い、対比できるようにしてあります。なお、全要素生産性（TFP）は、実質経済成長率か

図表3-2　東京圏・地方圏の実質経済成長率の要因分解

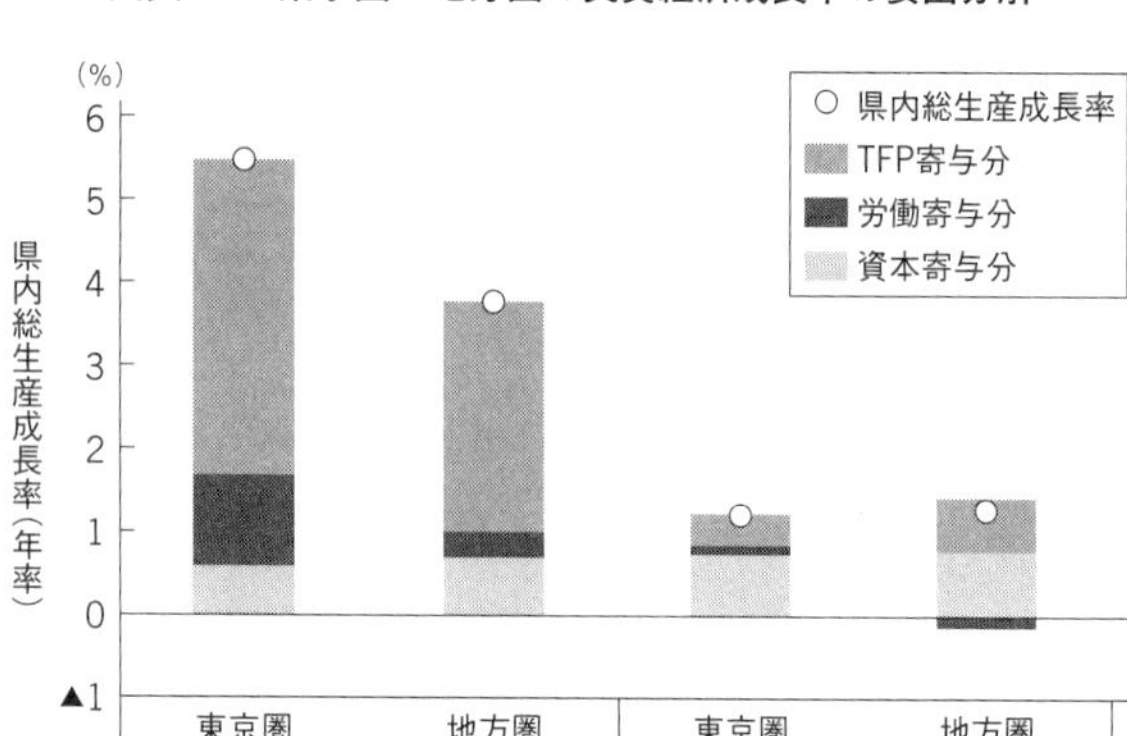

（注）TFPは全要素生産性の意。資本寄与分と労働寄与分の残差として算出。
（出典）内閣府「県民経済計算」、「都道府県別民間資本ストック」

ら資本と労働の伸びの寄与分を除いた残差として計算され、一般に技術革新や社会システムの高度化などによる経済成長への寄与分とされます。

図表3－2から、東京圏、地方圏とも、1980年代に比べ直近の成長率の低下が顕著であり、かつその主たる要因がTFPの伸びの低下であることがわかります。そのほか、資本寄与分に関しては、1980年代よりも直近のほうが高い値を示しています。また、労働寄与分については、1980年代には東京圏、地方圏とも経済成長に一定の貢献を果たしていたものの、直近では東京圏でほぼゼロ、人口減少の地

方圏ではわずかにマイナスに寄与しています。

ただし、地方圏における人口減少の影響のとらえ方については、注意が必要です。地方圏では、2010年からの5年間で人口が150万人ほど減っており、地域経済に対する影響は大きいように感じられがちです。駅前商店街などの衰退の様子を見れば、地方経済は、人口減少の影響をまともに受けてしまっているように考えてしまうのも無理はありません。

しかし、図表3－2からわかる通り、地方圏においても、今のところ人口減少が成長率低下に与える影響は軽微であると言えます。地方の中心市街地や昔ながらの商店街が衰退してしまったのは、都市圏の拡大による商業施設の分散化や都市のスプロール化（無秩序に都市が拡大していくこと）の影響が大きいと考えられます。もちろん、最近では、少なからずネットショッピングの影響もあるでしょう。

TFPの伸びの低下は、わが国に限らず、多くの先進国において認められる現象です。近年の目覚ましいIT技術の進展・普及にもかかわらず、それらがTFPの向上に寄与していないということになります。

こうした状況についてはさまざまな理由が指摘されていますが、技術革新がより付加価値の高い商品やサービスを生み出す力に結びついておらず、単なる省力化やコストダウンに向けられていることも一因と考えられます。もちろん、省力化によって余剰となった人材が、より付加価値の高い産業や成長力のある企業に移るのであれば、地域の経済発展や生産性の向上につながることが期待されますが、実際にはそうした動きは生じていないのです。例えば、大きな工場が撤退することにより生まれた失業者が、付加価値の低いサービス業に就くような例が多く見られます。

振り返れば高度成長期、炭鉱の閉山にともない失業した炭鉱作業員や地方における離農者の多くは都市に移動し、建設作業員や工場労働者、サラリーマンとなり、わが国の経済成長を支えました。転職を余儀なくされた本人たちにとっては本意とは言いがたいものであったかもしれませんが、産業構造の転換にともなう業種間、地域間の人の移動が社会の発展に向けた原動力となり、わが国に経済成長をもたらしたと見ることが可能です。しかし、近年の技術発展が促す構造転換は、今のところ経済成長につながっているとは言いがたく、逆に賃金の押し下げ圧力となるなど、負のスパイラルを生んでいる可能性すらあります。

さらに言えば、国が推進する目玉政策が逆に生産性の低下を促している場合もあります。

詳しくはこの後見ていくことにしますが、わが国が現在取り組んでいる地方創生戦略（正式には、まち・ひと・しごと創生総合戦略）では、人口の東京一極集中の抑制に取り組んでいます。地方創生戦略のように、生産性の高い仕事や地域に向けた自然な人口移動を阻害する可能性のある政策は、わが国の経済成長を押しとどめてしまうことが懸念されます。地方に若い世代が定着することが善という根拠がかなりあいまいな前提にもとづいた政策が、国の重要施策に位置づけられてしまっているのです。

人手不足をきっかけに、各産業が生産性向上に努める中で、賃金という明確なメッセージによって、真に人手不足の産業分野や企業に向けて人が移動していくことが望ましいと考えられます。地方政策で重要なことは、地方に暮らす人口を維持することではなく、各地域の産業が着実な成長を果たしていくことにほかなりません。

話をＴＦＰに戻しましょう。わが国におけるＴＦＰの特徴は、１９８０年代は東京圏が地方圏に比べて明らかに高い伸び率を示していましたが、近年は地方圏のほうが高く、東京圏の2倍程度となっています。一方、資本寄与分は、東京圏、地方圏ともほぼ同一水準にあります。地方圏は、労働力の減少をＴＦＰの伸びでカバーし、経済成長率全体で東京圏よりもわずかながら高い状況となっています。

一般にわが国では、これまでTFPの伸びを支えてきたのは、製造業の貢献が大きいとされてきました。[3-1] 全産業に占める製造業の比率は、付加価値ベースで地方圏30・6%、東京圏18・6%と、地方圏のほうが東京圏よりも高くなっており、地方圏でTFPの寄与が高くなっていることに違和感はありません。

製造業への依存度が高い地方圏では、設備投資のあり方などを含む経営戦略次第で、まだまだTFPが伸びる余地があるのかもしれません。地方創生に向けては、これまで以上にTFPの伸長や生産性の向上にこだわっていくことが必要です。

しかし、比較的堅調な自動車関連業界を除けば、大半の地方の事業者（特に中小企業）の経営は依然として厳しい状況にあります。とりわけ問題となるのが、地方の中小企業には、TFPを伸ばすために必要となる設備投資のあり方など、経営戦略の立案に長けたマネージャークラスやその戦略を実行できる高度人材などが、必ずしも十分にいるとは限らないことです。そのため、具体的な投資や事業の拡張に踏み出せない事業者も多いと考えられます。

それどころか、経営者が高齢でありながら、後継者すら確保できていない事業者も多く、今後、黒字でありながら廃業せざるをえない事業者が増えることも予想されています。製造業とは限りませんが、２０２５年までに、地方における黒字の中小企業のうち、実に１００万社近くが後継者難によって休廃業に至るという試算もあります[3-2]。

地方産業界の課題は、人口減少による単純な労働力不足ではなく、戦略的なビジネスプランを策定できる人材や国際経験が豊かなマネージャークラス、先端的なＩＴ技術者などの高度人材が不足していることなのです。そうした人材が、東京圏で余っているわけではありませんが、地域的なアンバランスがあることは確かであり、このままではその状況が好転する見込みはありません。

地方への移住促進政策は単なる人の奪い合い

現在のわが国では、景気が比較的安定し、地方での公共事業額が大きく膨らむようなことがないため、１人当たりＧＤＰ、すなわち〝生産性〟の低いエリアほど人が流出する傾向にあります（図表３－３）。地方圏は、東京圏と比較して、経済の成長力自体に大きな差異は

図表3-3　1人当たりの県民所得と転入超過率の関係

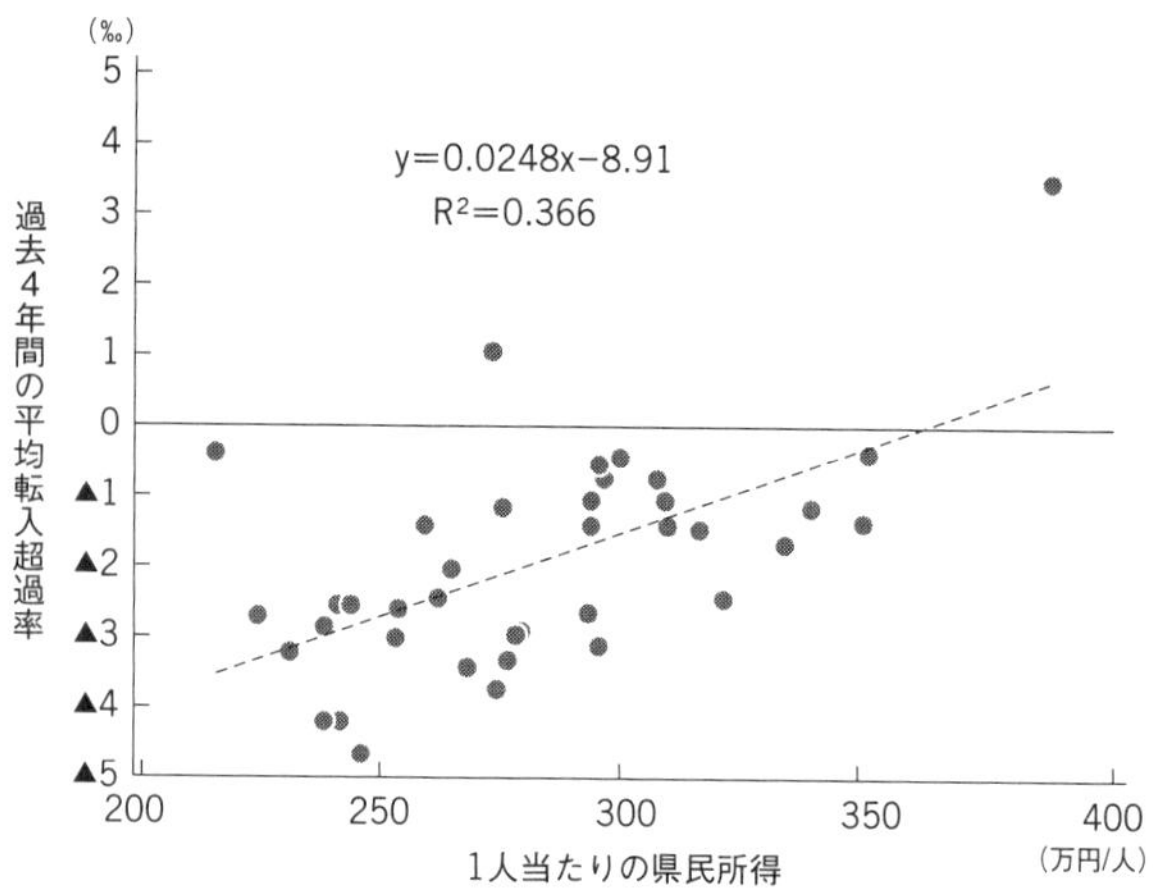

（注）転入超過率は直近4年間の平均。三大都市圏は圏域でまとめた。
（出典）内閣府「県民経済計算」、総務省「住民基本台帳人口移動報告」

認められないものの、生産性では大きく水をあけられている状況です。そのため、東京圏への人口流入が止まらないのです。

２０１４年、政府は地方創生戦略を策定し、東京圏への転入超過をゼロにする、すなわち東京と地方の人の移動を均衡化させることを目指しました。しかし、年間１０００億円規模の予算をつけて地方創生に力を入れてきたにもかかわらず、ここ数年、東京圏の転入超過は減るどころか、逆に増える傾向にあるのです。

地方創生戦略の推進にあたり、国で

は産業育成などを柱に、地方においてより良い雇用の創出を目指してきました。しかし、人口流出の抑制という最大の目標が掲げられているため、地方自治体レベルでは、手っ取り早く人を呼び込む方策として、移住促進政策などが過大に注目されて取り組まれてきた経緯があります。

移住促進政策の効果もあり、一部には大都市からの若い移住者が増えた地域もあります。しかし、その間にも東京の転入超過は増え続けており、冷静に考えれば、地方圏で移住者獲得に成功した地域がある一方で、それ以上に流出数が増えた地域、自治体があるということを見過ごしてはいけません。都道府県別に見ると、東京圏以外では、２０１４年と２０１８年を比較すると、12の道府県で転出超過が減少するなど人口流出の抑制に一定の成果が認められたものの、逆に悪化した府県は31に達しており、地方創生戦略が実施されている期間に流出が増えた自治体のほうが多数派であることがわかります。

市町村単位で見ると、人の奪い合いはいっそう熾烈を極めます。多くの場合、県庁所在地のような経済力のある都市に若い世代は集まりがちですが、地域によっては、その都市の周辺に位置する町村がニュータウンのような住宅地を供給し、若い世代を呼び込んでいる場合もあります。同一市町村の中でも、居住エリアは山間部から市街地に、さらには中心市街地から近隣郊外部にシフトし、ドーナツ化現象が顕著な都市も散見されます。山間部では過疎が進み、中心市街地の商店街では軒並みシャッターが下ろされ、郊外のバイパスに沿ったエリアなどで人口が増えるのです。

確かに、大局的には東京への人口移動が進んでいることは確かですが、各地域で見れば、実は人口流出地域の若者が向かう先は、必ずしも東京など大都市ばかりではなく、近隣の市町村であることが多いはずです。結局、東京圏に向けた人口流出を食い止めようという取り組みが、地方圏同士の移住者獲得競争をあおり、一部の流入地域と多くの流出地域を生んでいることになるのです。

わが国の場合、人の地域間移動は、極めて経済合理性が高いという認識が必要です。経済的に豊かな地域に向けた基本的な人の流れがあり、不況期に景気対策としての公共事業が拡大されることなどによって、一時的に地方に向けた人の流れが生じることもありますが、経済状況が好転すると、再び大都市に向けた流れに戻ってしまうのです。

そうした点から見ると、補助金などによって生産性の高い地域から低い地域に若い世代の移住を促す政策は、費用対効果の面から極めて非効率的であると考えられます。地方創生に向けては、まずは足元の地域産業のテコ入れが不可欠なはずですが、どうしても東京圏の転入超過の抑制や移住促進策の推進などといった、合理的な人の動きを逆流させようという非効率的な政策からの脱却は図れないのです。

2019年末、2020年から動き出す予定の第2期地方創生戦略が閣議決定されました。残念なことに、新たな戦略でも、東京一極集中を抑制し、東京と地方の人口移動を均衡化することが政策の柱の1つに位置づけられており、事態が大きく好転する見込みは薄いようです。自治体間の人口の奪い合いは当面続くことになってしまうでしょう。こうした経済合理性にもとづかない政策によって促された人口移動は、将来のわが国経済に大きな禍根を残すことが懸念されます。

東京への人口流入を抑制しても、出生数を増やす効果は小さい

筆者のように、やや経済合理性に偏った視点から移住促進政策に懐疑的な主張をすると、当然、反論したくなる人も多いのではないでしょうか。代表的なものが、少子化対策と考え

れば、補助金をつけてでも若い世代が出生率の高い地域に暮らしたほうが、出生数の押し上げが期待できるというものです。わが国の地方創生戦略もまさにこの考え方を踏襲しており、「東京一極集中を是正することが、わが国の人口減少の抑制につながる」という発想にもとづき、東京圏の転入超過をゼロにするという目標を掲げているのです。

若い世代が地方に暮らしたほうが子どもの数が増えるという指摘に対しては、異論はありません。東京圏への女性の流入が減れば、必然的に東京圏の出生数は減少しますが、出生率の高い地方圏での出生数は、東京圏での減少分以上に増加することが予想されます。また筆者は、地方で暮らした経験から、地方の子育て環境には、東京にはない多くの優れた点があることは認めるところです。

問題は、定量的に見て、東京への流入抑制によってどの程度子どもが増えるのか、ということです。計算してみると、それによって増える出生数は、出生率の低下や女性の高齢化による下押し圧力を相殺できるほどではないことがわかります。女性がどこに暮らすかという「居住地要因」が、わが国の出生数に与える影響は思いのほか小さいのです。

「居住地要因」が出生数に与える影響を、社人研が地域別人口推計で試算している封鎖人口推計のデータを用いて考えてみます。封鎖人口とは、都道府県間、もしくは市町村間の移動がまったくなく、出生と死亡だけの要因で人口が変化すると仮定したときの将来人口です。

なお、社人研による封鎖人口の推計結果では、自治体別に求めた推計人口の合計値がわが国全体の推計結果と一致するように補正されているため、そのままでは人口移動ゼロの効果は算出できません。そこで、ここでは「女性人口」と「子ども女性比」[3-3]のデータを用い、封鎖状態における出生数の押し上げ効果を、筆者が改めて概算してみました。

県単位で封鎖を想定すると、2030年の出生数は、人口移動を想定した通常推計に比べ約5000人多い結果となりました。5000人と聞くとずいぶん多いイメージを受けるかもしれませんが、これは全国の出生数を0・6%押し上げる効果しかないのです。封鎖人口の効果がさらに顕著となる2045年でも、約1万人（1・4%）押し上げるにすぎません。

すなわち、人口移動を抑制するような政策を実施しても、思っていたほど出生数は増えない可能性があるということです。さらに、東京に流出しない分、県庁所在地のような出生率の低い地方都市に若い世代が集積してしまえば、出生数の押し上げ効果は大きく減少してしまいます。実際、札幌市の出生率は東京23区と同水準です。また、都道府県単位で合計特殊出生率（２０１７年）を見ても、北海道の１・29、宮城県の１・31、京都府の１・31のように、東京都の１・21と大差ない場合もあります。

封鎖人口は、生まれた県や市町村にそのまま居続けるというように、現実にはありえない極端な状況を想定しています。これほど極端な条件を設定しても、２０３０年の出生数は０・６％しか押し上げられないのです。たとえ東京圏への人口流入をある程度抑制できたとしても、都道府県別の居住人口バランスで見れば変化は微々たるものにとどまり、出生数の変化に与える影響も小さく、それ以上に影響度合いが大きい全体の出生率の動向や女性の数、年齢構成の変化などの要因の陰に隠れてしまうでしょう。

若者を生産性の低い地域に押しとどめるな

近年、若い世代でも、地方での就労に関心を示す人が増えています。こうした夢や希望、あるいは使命感などによって、自ら進んで地方での暮らしを望む若者のことは大切にしなければなりません。住宅斡旋や就業支援で優遇するといった政策判断はあってしかるべきだと思います。

しかし、近年目立つ移住希望者に多額の助成金を直接支給し、多くの移住者を集めようという政策は、極めて非効率であると言わざるをえません。少なくとも、移住者の獲得によって人口の減少を抑制しようという考え方には無理があります。

奇しくも2020年通常国会の首相施政方針演説において、地方創生の成功例として島根県江津市に移住し、農業生産法人を立ち上げた若者の事例が取り上げられました。ところが、首相がこの事例を国会で語った時点で、すでにこの若者は、個人的な理由により会社を辞職し、当地を離れていたことが話題となりました。

すでに当地を離れた移住者を地方創生の成功例として取り上げた演説内容については、かなりの批判がありました。すでに転居してしまった移住者の事例を十分な追跡調査もせずに成功例としたという批判ですが、問題の本質はそこではありません。移動は元来個人の自由であり、どれほど魅力的な地域でも、家庭の事情や経済的な理由で住み続けられないことはあります。そうした人の暮らしの本質的な部分を度外視し、移住者の獲得に数値目標を立てて大金を投入しようとしていること自体に問題があったと考えるべきです。

さらに言えばそもそも人口移動は、経済情勢や企業の雇用ニーズに影響を受けやすいものであり、東京圏の転入超過をゼロにするという目標設定自体に無理があったのです。景気が堅調で、東京への人口流入が続く現状では、結果的に、決して多くはない若い移住希望者を地方同士で奪い合う格好となっているのです。

今、地方で自然に寄り添って暮らしたいと願う若い世代が増えているという報告もあり、何を隠そう、すでに若者ではない筆者もその1人です。そうした暮らしにチャレンジする生き方については、個人的には憧れを持ちつつ応援もしています。一方で、国民全員がそうした暮らしをしていては、国が維持できないということも理解しています。

人口減少時代におけるわが国全体の持続性向上を図るためには、限られた若い世代を、生産性の低いエリアや仕事に押しとどめるのではなく、より生産性の高い仕事に就けるような仕掛けが重要となります。地方自治体の政策担当者には、遮二無二、人口流出の抑制に注力するばかりではなく、逆に人口減少を強みに変えていくくらいの思い切った発想の転換が望まれます。

これは、人口減少に向かうわが国全体の今後の課題とも一致するのですが、技術革新の成果や新しい社会システムを導入することで効率性の高い社会を創造し、より少ない人口でより多くの富を生み出す地域、国になっていくことが求められているのです。

賃金はなぜ上がらないのか

ここで、労働者の賃金について考えてみましょう。

より少ない人口でより多くの富を生み出すことができれば、必然的に労働者の賃金は高まっていくはずです。ところが、わが国では長期にわたり賃金に目立った上昇は見られていません。

わが国で賃金が上がらない理由は、多方面から指摘されています。まず、「団塊の世代」が定年退職となり、賃金の高かった彼らが正社員でなくなったことや、労働者に占める非正規労働者の割合が上昇したことが平均賃金の低下の一因となっているという考え方には、合理性があります。

また、賃金の〝上方硬直性〟という考え方も市民権を得つつあります。通常、好況期にいったん賃金を上げてしまうと、景気悪化の際に下げにくいという意味で、賃金には下方硬直性があるというのが通説です。

過去、バブル崩壊やリーマンショックなど、幾度となく激しい景気悪化を経験してきたわが国産業界は、そのたびに賃金の下方硬直性に悩まされてきました。景気悪化によって事業収益が低迷した際、賃金が下げられなかったことがトラウマとなり、経営者が、景気が好転しても賃金を引き上げることに慎重になっているということです。繰り返す景気悪化やその長期化が、日本社会に賃金の上方硬直性を植えつけたというのです。[3-4]

また、バブル崩壊後に社会人になった団塊ジュニア以降の就職氷河期世代が産業界に冷遇されてきたことが、わが国の賃金低迷につながっているという見方も有力です。団塊ジュニア世代とそれより年長の世代の間には賃金の断絶があるとされています。[3-5] わが国において年功序列が明らかだった時代の企業の賃金カーブでは、30代から40代にかけて安定的な賃金上昇が見られました。年功序列が崩れた現代では、団塊ジュニア以降の世代がその割を食い、賃金が低水準のまま据え置かれてしまっているのです。

こうした一部の世代が低賃金であり続けることを許容する社会の問題も指摘しておくべきでしょう。就職氷河期世代の苦境については、最近でこそ、わが国の大きな経済問題であり社会問題でもあるという認識が根づいてきましたが、少し前までは、長期にわたり経済的に不遇な状況にある若い世代に対する自己責任論が広く浸透していました。バブル崩壊後のわが国経済の落ち込みを、特定の世代に負わせてしまったのです。

しかし、バブル崩壊後の雇用調整圧力は、とうてい一個人で対応できるような軽いものではありませんでした。筆者が勤めていた大手電機メーカーでは、1992年入社の大卒者は2000名でしたが、1年後の1993年入社の大卒者は300人にまで急減しました。この1年の違いが、その後の若い世代の人生を大きく左右したのです。ここまで激しく雇用環境が変化した状況を、たまたま巻き込まれた個人の責任に負わせていいとは思えません。

就職氷河期世代の苦境は、新卒時の一時期にとどまらず、現在に至る25年以上にわたり続いています。いまだ非正規で、生活の安定が得られない人がかなりの割合で取り残されているのです。やや遅きに失した感はありますが、ようやく就職氷河期世代に対する救済が国の政策として取り上げられるようになりました。

低賃金は、決して許容してはいけない社会悪と認識すべきです。当事者である労働者や企業はもちろん、行政や経済界も連携して、賃金引き上げに向けて知恵を合わせていかなければなりません。年功序列的な日本型雇用が崩れようが、これからも維持されようが、そうした雇用慣行には関係なく、たとえわずかずつでも、生涯獲得収入は後年世代ほど増えていくような仕組みであるべきです。

年功的な賃金体系を廃止する企業も増えていますが、そうであれば若いことを理由に低賃金を押しつけてはならず、若い時代から能力に見合った額の賃金が提示されなければなりません。そして何より重要なことは、若い世代にしっかりとした賃金を支払うだけの原資を担保するために、わが国はこれからも経済成長を追い求めていかなければならないということです。

まだ本当の意味での人手不足ではない

前節のように、人手不足にもかかわらず、賃金が低迷し続けるという大きな課題については議論百出の状況です。しかし、そもそもわが国の現状は、本当に人手不足と言える状況にあるのでしょうか。ここでは、改めて人手不足について考えてみたいと思います。

まず、企業の人手不足感を、日銀短観の企業規模別雇用人員D.I.によって見てみましょ

図表3-4 企業規模別雇用人員 D.I.

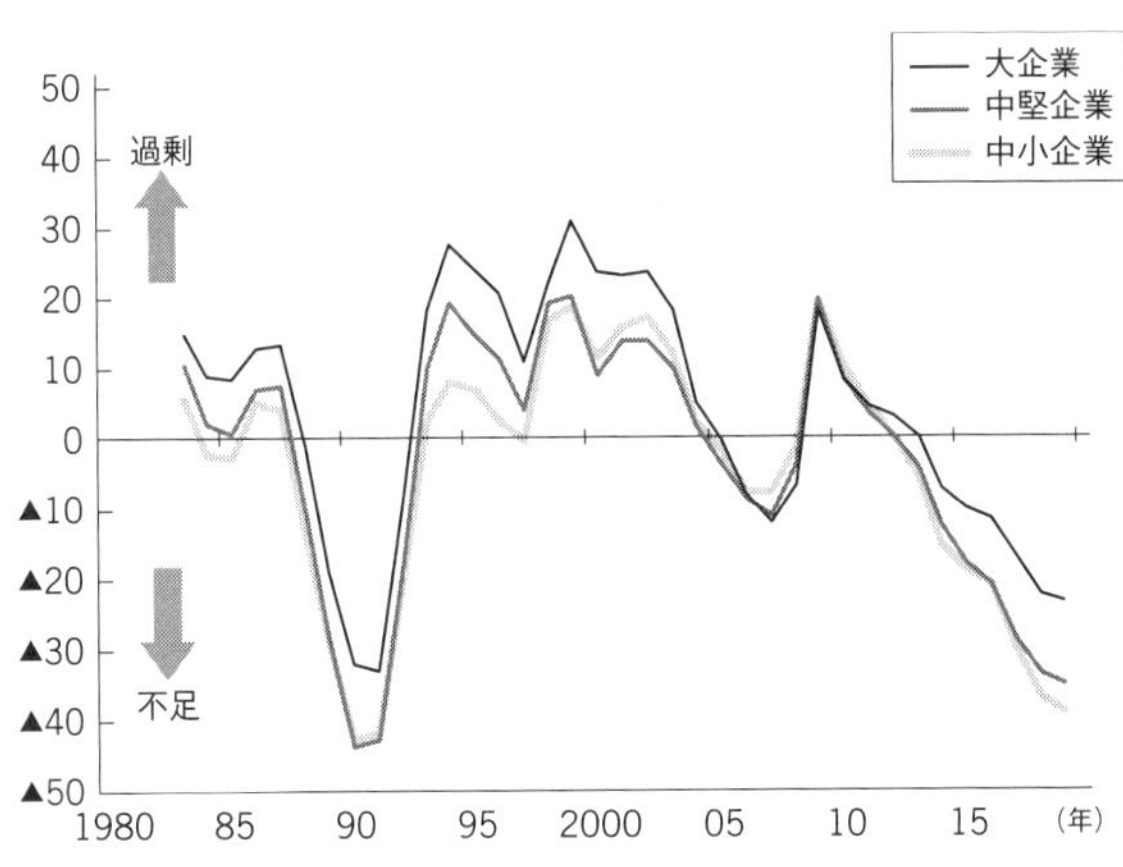

(出典) 日本銀行「短観」

う。D.I.とは、企業の業況判断や雇用人員の過不足感などについて指数化したものです。雇用人員の過不足感については、「過剰」の回答率から「不足」の回答率を差し引いたものです。不足のほうが多い場合はマイナスの値をとります。

企業経営者から見れば、「人がとれない」=「人手不足」ということであり、実際企業規模別雇用人員D.I.(図表3－4)によれば、企業の規模を問わず、人がとれていない状況がわかります。しかし、大企業に限れば、悪化の一途という状況にはなく、ようやく極端な人手不足の状況からは脱しつつある様子がうかがわれます。

第2章に示した通り、生産年齢人口は減少し続けているものの、高齢者や女性の働く人の割合が高まり、外国人労働者も増え、労働力人口はどうにかここまで横ばいから足元では微増となっています。外資系との人材獲得競争の影響もあり、特に新卒世代に対して驚くほど高い初任給を提示する企業も出てきています。賃金や待遇を見直すことで、人がとれるようになった企業もあるということです。

企業経営者が人手不足を語るとき、注意しなければいけないのは、「(賃金などこれまでと同水準の雇用条件で採用できる）人材がいない」になっているのではないかということです。特に、中小企業経営者が語る人手不足は、往々にして、あえて（　）内の文節に言及することは避け、ただ「人手不足」だけを声高に叫んでいる場合が多いと考えられます。例えば女性の場合、年齢別労働力人口比率が描くM字カーブがほぼ解消し、追加的な労働力の供給は限界に近いと考えられます。しかし、依然として非正規社員の正規登用の流れは緩やかですし、最低賃金水準の時給で働くパート社員も少なくありません。

賃金はもとより、労働時間を含む働き方、福利厚生などさまざまな条件を見直さなければ、比較的景気が良いとされる昨今、新規募集をかけても、応募すら期待できないでしょう。新入社員の雇用条件を見直すというのは、すでに働いている社員にもその条件を適用するわけですから、とりわけ財務体質の弱い中小企業には厳しいと考えられます。

お叱りを承知で言わせてもらえれば、今はまだ、本当の意味での人手不足とは言い切れないというのが筆者の考え方です。近い将来、労働力人口が本格的に減り始めます。そうなって初めて、わが国は本当の意味での人手不足社会に直面するのだと思います。

すでに、深刻な人手不足に直面している一部の企業や業界では、早くも雇用条件や待遇の見直しなどに着手しています。年間の勤務日数を大企業並みに抑える働き方改革を実施しただけで、採用が容易になったという地方の中小企業もあります。

業種別に見れば、このところ設備投資が活発化している倉庫業で、新しい動きが目立ちます。倉庫業は、一般に定着した肉体労働を想起させる古い業界イメージから、構造的に人材難に陥りやすい業界です。同じロードサイドに立地するショッピングセンターとは人材を確保する上での競合関係にあり、施設をつくっても思うように採用が進まない状況がありました。隣接する倉庫とショッピングセンターで同時期にパート社員を募集しても、多くの応募はショッピングセンターに流れてしまうというのが倉庫事業者の悩みでした。

大型の最新貸し物流倉庫を展開する事業者の中には、テナントとなる流通事業者が人材確保に困らないように、倉庫施設内での福利厚生に力を入れるものも出てきました。食堂やカフェ、託児所、ジムなどを配置し、多様な世代にとって働きやすい職場環境を用意しています。人材確保のために、環境整備に多大なコストを支払っているのです。

また、劣悪な労働環境や制度的な問題点がたびたび批判の的となってきた外国人技能実習制度についても、大半の事業者にとっては、すでに重要な戦力としてなくてはならない存在となっています。中小製造業者の中には、技能実習生を社員旅行にも同行させるなど待遇の改善を図り、意欲的に仕事に取り組める環境づくりに努めている事業者もあります。技能実習制度は、受け入れ期間が最長5年と決められていますが、受け入れ環境を良好にすることで、実習生が入れ替わっても安定的に優秀な人材を確保できるのです。

今後、人材を確保していくために最も重要なことは賃金上昇にほかなりませんが、合わせて労働環境や福利厚生制度の見直しなども必要になってくると考えられます。そのためには、事業の収益性を高め、生産性向上を図る設備投資やビジネスモデルの見直しが不可欠です。

多少自己矛盾的な論理展開となりますが、これまで以上に優秀な人材を確保するためには、賃上げや福利厚生制度の見直しが必要であり、その原資を生み出すために先行的な設備投資が不可欠となります。結局それは、より少ない労働投入で、より多くの富を生むこと、すなわち、生産性向上を図る企業の本分にほかならないのです。逆に見れば、より少ない労働投入でより多くの富を生むために設備投資などに取り組む企業には、優秀な人材が流れ込みやすいということです。残念ながら、いまだ一部の企業は、賃上げもせず、「人手不足」を叫んでいます。

わが国は、これから本格的な人口減少と人手不足社会へと向かいますが、それを逆手に取った戦略で生産性を高められるかどうかが持続的な発展のカギとなります。わが国に暮らすすべての人々が、長期にわたり豊かさを享受できる社会をつくるためのきっかけとして、人口減少や人手不足をとらえるべきなのです。

【注】

３―１　経済産業省『２０１５年版ものづくり白書』。

3－2　星貴子「地方中小企業の中核人材不足解消に向けて－人材の還流とシェアを軸にした事業承継支援－」ＪＲＩレビュー２０１９ Vol.６ No.67。

3－3　子ども（男女計）に対する15－49歳女性人口の比。出生率の代わりに用いている。

3－4　山本勲ほか『人手不足なのになぜ賃金が上がらないのか』第５章　玄田有史編　慶應義塾大学出版会　２０１７年４月。

3－5　黒田啓太『人手不足なのになぜ賃金が上がらないのか』第４章　玄田有史編　慶應義塾大学出版会　２０１７年４月。

第　4　章

人口減を好機に
社会を変える

低失業率という幸運

長期にわたり緩やかに進んできた人口減少や少子高齢化は、すでに生じているさまざまな社会のひずみの一因であるとともに、今後、わが国経済のさらなる地盤沈下をもたらすというのが常識的な考え方でしょう。しかし筆者は、人口減少を、現在わが国が抱える停滞感や先行きの不透明感を払拭し、新たな社会へと飛躍するための踏み切り板とすることができると信じています。

そうした肯定的なシナリオにおいて、何より重要となるのが人材の有効活用です。長引く低成長のもと、私たちの社会は、人材の浪費とも言える条件で、とりわけ若い世代を雇用し続けてきました。各所で著しい人手不足が叫ばれる近年に至っても、状況が好転しているとは言い切れません。

高齢者や外国人の労働参加によって、労働力人口はどうにかここまで横ばいで踏みとどまってきましたが、非正規社員として働く女性や就職氷河期世代の正社員化はようやく緒についたばかりです。本格的な労働力の減少を前に、イノベーションによって人材の効率的な活用を進めて生産性向上を果たし、賃金を引き上げるなど雇用条件を改善していかなければなりません。

第3章で用いた経済成長率の要因分解の図を用いて説明すれば、労働力の減少が成長率の押し下げに寄与することは避けがたいものの、それ以上に資本投入、すなわち民間セクターにおける投資、とりわけＩＴ投資や研究開発投資を増やし、イノベーションの成果を確実にＴＦＰの伸びにつなげていくことが必要なのです。それが、人口減少に向かうわが国の成長戦略にほかなりません。

幸いわが国は、低成長にありながら、世界的に見ても失業率が極めて低い状態にあります。とりわけ若い世代でこの傾向は顕著です。

近年、失業率は世界的に低下傾向にあり、これは欧州も同様です。ところが欧州の中には、わが国よりも高い成長率を維持しているにもかかわらず、若年層の失業率が比較的高い水準にある国が珍しくありません。２０１８年のデータでは、ＥＵ全体の25歳未満の失業率は15％と高い水準にあります。２０１３年に50％を超えていたスペインに至っては、雇用環境の改善にもかかわらずいまだ34％と、わが国から見れば驚くべき水準にあります。スペインでは、実に若者の３人に１人が失業状態にあるわけです。一定の若者が失業状態にあるEU諸国では、安易な効率化戦略が失業者の増加につながり、社会を不安定にさせるリスクをはらんでいることになります。

一方、わが国は、すでに、働く意思のある人は仕事が得られる水準、すなわち完全雇用に近い状態にあると見られます。中でも25歳未満の失業率は３・７％で、いまだ低下傾向にあります。

昨今の低失業率、とりわけ若い世代に見られる低失業率は、わが国がイノベーションの成果を積極的に社会に実装していく上で、千載一遇のチャンスにあることを意味しています。一般に、経済成長率が低下すれば失業率が上がり、雇用政策が最重要課題となるはずです。ところが、わが国の場合、低成長にありながら完全雇用に近い状態にあるのです。しかも、将来は生産年齢人口が減少していくことが避けられず、これから本格的な人手不足時代を迎えるのです。

このような社会情勢は、行政が産業戦略を立案する場合や、企業が事業計画を策定する際、雇用の規模拡大を考慮する必要は一切なく、徹底的に生産性向上を図ることに注力すれば良いということを意味します。労働集約的な仕事を資本集約的、さらには知識集約的な仕事へ切り替えることに貪欲さが求められているのです。

人口減少はＩＴ導入、賃金上昇の好機

失業率が低いこと以外にも、投資によってわが国が生産性の高い国に生まれ変わる好機である理由は、いくつでも挙げることができます。低金利により資金調達が容易で、企業によってはふんだんにある内部留保を生かし、効率化に向けた設備投資やＩＴ投資を実施しやすい環境があります。しかも、戦後の経済成長を支えてきた団塊の世代とそれに続く世代がリタイアの時期に差しかかっていることも、社会を変えていくチャンスを意味します。社会の担い手をＩＴリテラシーに長けた若い世代に切り替えていくことで、大きく社会を変える好機と言えるのです。

人手不足が社会の効率化につながる投資の拡大を促すという認識は、すでに一般的なものとなりつつありますが、実際の社会はそうした方向に動いているとは言い切れません。第3章で示した地方創生戦略では、地方が移住者を獲得する上で、〝仕事〟の重要性が明示され

ていたものの、結果的に仕事の質より量に重きを置いた取り組みが目についたことは否めません。

例えば、若い移住者が就農する際には、彼らの生活を成り立たせるために、それまでの地域の農業よりも高収益であることが求められます。しかし、新規就農者に対して、いまだに耕作放棄された農地の耕作者となることを期待している地域もあります。

耕作放棄地の再生ということ自体は、地域農業の持続性を考えれば重要という判断もあるでしょう。しかし、耕作放棄は生産性の低い農地から起こる傾向にあるため、新規就農者が放棄された農地で収益を上げて生活を維持していくことは極めて高いハードルです。地域農業の次代の担い手と目される若い就農者に、優良農地から任せていくくらいの思い切った発想の転換が必要です。

また、地方では、介護産業での人手不足が深刻となっています。この産業でも、介護ロボットの導入などテクノロジー活用の余地は十分あると考えられますが、当事者の中には、人間同士のふれあいこそが介護の基本であるとして、技術導入に一定の距離を置く考え方もあります。

現実には、わが国よりも失業率の高い欧州や成長率が高い米国、中国、さらにはインドが、イノベーションを牽引し、その成果を産業界が貪欲に取り込んでいます。短期的に見れば仕事を奪いかねないそうした投資こそが成長の源泉であり、将来の〝飯の種〟になると確信しているからこそ、国際マーケットの中で主導権争いを繰り広げているわけです。

人口減少が加速するわが国では、社会を変える好機にあるとの認識のもと、諸外国を凌駕する勢いでイノベーションを起こして生産性を高め、賃金上昇に結びつけていくことが必要となるのです。ここで、新しい社会に向けて第一歩を踏み出したいくつかの事例を参照しながら、わが国が向かうべき経済社会の姿を考えてみたいと思います。

生産性向上や高度化を図る農業が登場

三重県に本社を置く株式会社浅井農園は、緑花木の生産農家からの第二創業として、2008年からミニトマトを中心にハウス栽培を手がけ、全国に向けて出荷している農業ベンチャーです。

この会社の注目すべき点の1つに徹底した技術志向があります。生産性を高めるため、温

浅井農園が手がけるミニトマトのハウス栽培（浅井農園提供）

度や湿度、二酸化炭素濃度、光合成量など、およそ100項目にも及ぶハウス内環境や作物の生育状況をセンサーで常時モニタリングすることにより、最適な生育環境を維持する複合環境制御システムを導入しています。これにより、生産性の向上とともに品質の安定性も担保され、創業10年で年間25億円を売り上げるまでに成長しています。

浅井農園は、研究開発型の農業カンパニーを標榜し、国内外から研究者を採用するとともに、三重大学や地元企業などとの連携のもと、新品種や高度栽培管理技術、ＡＩを組み込んだ農作業ロボットの研究開発に取り組んでいます。収穫ロボットの研究開発では、国内自動車部品メーカー大手のデンソーと合弁会社をつくって取り組んでおり、自社農場をオープンイノベーションの場として技術革新に力を入れています。

浅井農園のもう1つの特徴は、特定の地域ブランドにこだわらない販売戦略にあります。わが国においては、地域農業戦略が、地域ブランドの形成に固執している例が多いように見受けられます。各地の農業試験場などが品種改良を行い、工夫を凝らしたブランド名を載せた商品で国内シェアを獲得する手法です。コメだと北海道の「ゆめぴりか」や山形県の「つや姫」などが比較的ニューフェイスでしょう。イチゴであれば栃木県の「とちおとめ」や福岡県の「あまおう」、地鶏・銘柄鶏（ブランド鶏）なら秋田県の「比内地鶏」に徳島県の「阿波尾鶏」あたりが有名です。

こうしたシーズ重視、あるいはプロダクトアウト的な戦略も、国内の消費者にとってはより良い商品を手に入れる可能性が高まるため好ましいことと言えますが、場合によっては、生産者間で限られたマーケットの奪い合いになってしまうことが懸念されます。高付加価値であるはずの新品種も、類似商品が出てくれれば差別化することは難しく、結局は限られたパイの奪い合いの様相を呈してしまうのです。例えば地鶏や銘柄鶏は、全国でおよそ190種類が登録されており、もはや新規参入で優位性を見出すことは難しい状況にあります。

一方、浅井農園は、いわば技術（シーズ）に裏打ちされたマーケットイン戦略をとっています。全国にネットワークを持つ流通事業者のニーズに合わせて、品種の開発・生育・出荷を行います。モッツァレラチーズに合うトマトやフルーツのような甘みのあるトマトといった、流通事業者のニーズに応える戦略です。品種改良も手がける強みを生かし、フレキシブルに顧客ニーズを取り入れた生産・出荷を行っているのです。

この手法のメリットは、海外進出が容易である点です。海外では、国内の細かい地域ブランドは通用せず、各国の顧客ニーズにもとづいた販売戦略が必要となります。

浅井農園に限らず、こうした技術志向で、かつマーケットイン戦略をとる新しい農業事業体が各地で見られるようになってきています。新しい担い手のもと、農業にも技術革新の風が吹いているのです。

栽培管理技術を高度化する浅井農園の取り組みとは異なるアプローチにより、主食であるコメの生産性向上を目指す動きも注目に値します。コメは、依然として需要の低下による生産調整が図られているものの、その一方で、先端技術を導入することにより生産性向上を図る動きも出てきています。

北海道の1枚の水田の面積は、すでに本州のものに比べて広い場合が多いのですが、さらなる生産性向上を目指し、現在、大規模化を図る圃場整備事業が進められています。うるち米の北限に位置する北海道旭川市の周辺地域、例えば鷹栖町では、平坦地における標準的な規模を2・2ha（260m×85m）前後に設定し、順次水田の圃場整備を行っています。本州では、千葉県の印旛沼など一部で行われている実験的な大規模水田の例を除けば、1枚0・1haからせいぜい1ha程度の水田が多く、北海道で進められている大規模化に向けた水田の圃場整備は先進的と言えるでしょう。今後増えることが予見される輸入米に対抗し、さらには輸出による海外需要の取り込みまで考えれば、安価に良質なコメを生産することが必要となりますが、この地域での取り組みはそうした動きを先取りしたものです。

ただし、これほどまでに1枚の水田の面積が大きくなってくると、トラクターなどの農業用機械を人が運転していては、まっすぐ走らせることすら難しいと言います。蛇行運転になれば、場所によって肥料の過不足が生じるなど収穫物の品質に悪影響が出てくる恐れがあります。必然的にGPS（全地球測位システム）により制御された自動運転が可能な農業用機械の導入が必要となります。少し前まで、水田を自動運転の大型トラクターが走り回ることなどは夢のような話でしたが、生産性向上に向け、すでにそれを前提とした農地づくりが始まっているのです。

産学官連携によるビッグデータ活用とオープンイノベーション

弘前大学では、ビッグデータやオープンイノベーションによる健康増進に関する取り組みが進められています。もともと平均寿命が短いという青森県特有の課題を改善するため、大学が中心となって市民の健康診断を行い、健康に関する膨大な情報を収集・ストックしています。得られたビッグデータを、新薬の開発や健康増進につなげるため、製薬、食品、化粧品などの製造業から流通業まで、多様な事業者が弘前大学に共同研究講座を開設し、大学と連携しながら新薬、健康食品、健康増進に資するサービスなどについて研究開発を行っています。この取り組みの優れている点は、民間企業を中心に50に及ぶ研究機関が新製品、新サービスの開発を行い、積極的に社会実装を図ることで、生み出す付加価値を高めることにつながりつつあることです。

加えて、各事業者が、弘前大学に研究開発拠点を設置して人員も配置していることから、共同研究は、近年各自治体が取り組む〝関係人口〟の増加にも貢献しています。関係人口とは、必ずしも定住しているわけではないものの、仕事やレジャーなどで特定の地域をたびたび訪れる人や、その地域のために積極的にかかわってくれる人を指すもので、人口減少下の地域活性化において、注目度が高まっている考え方です。

弘前大学以外でも、ビッグデータの利活用については各地で新たな動きが見られるようになっています。三重県でも、すでにレセプト（診療報酬明細書）情報の共有基盤はでき上がっており、プライバシーの保護に配慮しつつ、ビッグデータを活用した新薬の開発や健康増進に向けたデータの活用方法について検討を行っているところです。

このほかにも、クレジットカード事業者や通信事業者が、保有するカード使用情報や通信履歴などの情報を、匿名性を担保した上でビッグデータとして外販するビジネスに乗り出しています。急増している外国人旅行者による経済波及効果の拡大を狙い、カードデータや位置情報などの有効活用が期待されています。

今後は、ビジネスの付加価値を高めるためのビッグデータの適正利用が進められるよう、国民理解の促進とともに、各所に残る規制の緩和が求められます。ビッグデータに限らず、新たなイノベーションの障壁となるさまざまな規制については、これまで以上に意欲的な緩和が必要となるでしょう。

各地の農業や生産、研究の現場で、生産性向上に向け、最先端技術の導入に取り組む団体や事業者が出てきています。こうしたイノベーションを起点とする成長の萌芽を、生産性向上の着実な一歩とすべく、産学官連携の重要性がいっそう高まっているのです。

内需に依存する日本経済の限界

わが国は、一般的に国民が認識している以上に内需国です。為替が円安に振れたほうが株価の上昇が期待できることから貿易立国的な印象が定着しているものの、ＧＤＰに対する輸出金額（輸出依存度）で見れば、10％台前半をキープしており、世界の中でも低い部類の国であると言えます。

日米貿易摩擦が過熱した１９８０年代ですら、わが国経済が極端に輸出に依存していたわけではありません。このときは、日米二国間に貿易不均衡があったことや、為替が円安に固定されていたこと、さらにはわが国の輸出商品が自動車などアメリカと競合する最終商品であり、やり玉に挙げられやすかったことなど、さまざまな要因が重なったのです。

わが国の輸出依存度が低い要因の1つが、人口規模に依拠した国内需要、すなわち内需が大きいことです。わが国の輸出依存度の低さは、人口規模が半分以下で輸出依存度が30～40％台で推移している隣国の韓国と比較すると顕著であり、経済構造の違いは明白です。わが国の場合、1億人を超える人口を抱えていることで内需依存でも規模の経済を働かせ、経済大国となりえたと考えられます。

外需主導で世界第2位の経済大国となった中国は、近年、内需国への脱皮を図っています。中国は、2006年には輸出依存度が35％ありましたが、2017年には19％にまで下げてきています。考えてみれば当たり前の話で、経済成長にともない生産能力が増した中国にとって、新たなマーケットはもはや世界中どこにも存在せず、およそ14億人の国民が形成する国内市場の成熟が唯一の解ということになるのです。

世界に冠たる内需国であるわが国ですが、今後も内需依存の国であり続けられるとは限りません。これからは、着実な外需の取り込みが必要になると考えています。

その理由として、一般に考えられるのが、人口減少の影響でしょう。緩やかとはいえ、人口減少が進むことで国内マーケットの縮小が懸念されます。

ただし、これについては過度に懸念する必要はないかもしれません。第3章で取り上げた経済成長率の要因分解の結果を見ても明らかな通り、人口減少が経済成長を押し下げる効果は限定的です。人口減少のスピードが緩やかであるため、しっかりとした投資を行い、モノづくりやサービス提供においてイノベーションを進めていくことができれば、生産性向上の効果が人口減少の影響を上回ることが期待できます。

筆者が、国内マーケットの縮小以上に影響が大きく、外需をしっかりと取り込んでいくべきと考える理由を以下の3点にまとめました。

内需立国のビジネスモデルが生産性を押し下げる

外需を積極的に取り込むべき理由の1点目は、内向きのビジネスモデルによる国際競争力の低下です。

わが国にとって、経済が国際情勢などに左右されにくいという意味で、内需が強いこと自体はすばらしいことです。しかし、内需国であるがゆえ、ビジネスモデルもそれに対応した形となり、必ずしもわが国経済の強みとはなっていない例が散見されます。

すでに取り上げた地鶏・銘柄鶏（ブランド鶏）を例に考えてみましょう。ブランド鶏は、地方自治体の試験場や大学の研究機関などが、コストと時間をかけて開発しています。どのブランド鶏もすばらしい味で、一定の人気を博しています。

しかし、市場に出てしまえば、ブランド鶏の国内マーケットに拡張性は乏しく、多くの新品種が１９０種もあるブランド鶏に埋もれてしまい、たたき合いになってしまう可能性があります。一部の有名品種を除き、付加価値が適正な値づけにつながっていないのが現状ではないでしょうか。

輸出を考えれば、高い品質のブランド鶏の需要は拡大が見込まれますが、その際、各地の工夫を凝らしたブランド名が通用するとは限りません。一部のブランドを除き、一括りで〝Jidori〟とされてしまう可能性も否定できません。輸出戦略で先行する和牛も、まさにそのような状態にあります。高いコストをかけて開発し、国内マーケットでしのぎを削っても、パイが限られていれば、その食い合いに陥ってしまう可能性があるのです。

筆者が新卒で就職した大手家電メーカーは、各社がしのぎを削る白物家電の国内マーケットで、品質向上に向け、日夜技術革新に力を入れていました。当時、研究開発の段階で海外商品を入手してデザインや機能を調べることもありましたが、改めてわが国の製品の優位性を感じたものでした。

しかし、いったん海外マーケットに目を向ければ、わが国製品は各国で苦戦を強いられていたのが実態で、輸出はほぼゼロの状態でした。事実上わが国の製品は、国内顧客を対象とした開発が行われていたため、海外マーケットを獲得するには至っていなかったのです。その後、国内マーケットでは外国製品の流入もあり、利幅が取れなくなるなど、いくつものメーカーが白物家電から撤退していきました。

では、海外の企業はどのような戦略を立てているのでしょうか。一例として、鶏卵における海外企業の取り組みを見てみましょう。

鶏卵自体はほぼ国産で、近年はおいしい卵、特定の栄養素の濃度が高い卵など、商品開発に余念がありません。ただ、卵を生む鶏（採卵鶏）は国内で生まれたものがほとんどですが、その親（種鶏）や親の親（原種鶏）まで遡ると、基本的にほとんどがアメリカ、カナダ、フランスなどの企業からヒヨコとして輸入されてきているのです。すなわち、わが国で国産卵と言っているもののほとんどが、二代遡れば輸入品なのです。しかも、種鶏から生まれた採卵鶏は、優れた採卵鶏を生むことがないように改良されているため、わが国の養鶏家は種鶏を輸入せざるをえないのです。

種鶏を輸出する海外の企業では、採卵率など基本的な生産能力のほか、輸出先の好みや食文化に合わせた種鶏の開発を行っています。例えば日本向けの場合、生卵で食べることを前提に、採卵鶏の親鶏（種鶏）を開発していることになります。

一例を挙げれば、アメリカ大手のHy-Line Internationalは、生卵の卵白が水っぽくならず、割った際にしっかりとしていて厚みの出る卵を生むように品種改良した種鶏を日本に輸出しています。白米の上に生卵を割り落としたとき、卵白が流れてしまうことなく、卵黄とともにしっかりと米の上に残り、見た目が映える卵です。

生卵を食べる文化のない人たちが、生食向けの、とりわけ卵かけご飯に適した卵を生む鶏の開発をしているというのは、なんとも奇妙な感じがしますが、これが世界標準の産業戦略なのです。国際的な企業は、こうした戦略によって、世界のマーケットで数少ない勝ち組を目指しているのです。

最近でこそ、生で食べることを前提に衛生面に細心の注意を払うわが国の養鶏は国際的に注目されているようですが、輸入した種鶏と飼料によって卵を生産し、1玉数十円で売られる国内マーケットでしのぎを削る養鶏事業者と、世界の種鶏市場を押さえる少数の大手事業者とでは、収益性の差は明らかでしょう。国内マーケットへの配慮は不可欠とはいえ、過度に内向きとなることなく、絶えず海外の市場まで視野に入れた産業戦略が必要と言えそうです。

温暖化対策に見える外需に応えることの重要性

外需を積極的に取り込むべき理由の2点目は、世界の技術トレンドから離されることなく、逆に牽引するためです。

わが国では、社会システムの変化が遅々として進まないため、国内マーケットのみを相手にしていると、ここまでせっかく蓄積してきた技術が陳腐化し、投資してきた研究開発費がムダになってしまうことが懸念されます。具体的な例を挙げたほうがわかりやすいと思いますので、ここでは地球温暖化対策について言及しておきます。

地球温暖化対策として、世界的に石炭火力発電に対する反発が強まり、再生可能エネルギーへのシフトが求められています。ところが、わが国は石炭火力発電に固執し、国際社会から批判を浴びる事態となっています。

２０１８年に策定されたエネルギー基本計画では、２０３０年の電源構成として、再生可能エネルギーを主力電源化すると明記しましたが、その比率は22～24％程度にとどまっています。残りを、原子力発電で20～22％、化石燃料全体で56％としています。わが国が東日本大震災前と変わらぬ大規模集中型の電源構成の延長線上で将来のエネルギーシステムを考える状況から脱することができていない中、国際社会は急速に再生可能エネルギーをベースとした分散型の電源構成への模索を進めています。

振り返れば25年ほど前まで、わが国は、再生可能エネルギーや省エネに関する技術で、世界の最先端を走っていました。ところが、当時のエネルギー基本計画は、原子力発電を主力電源に据えていたため、電源構成上、原子力発電と相性の悪い再生可能エネルギーの普及にわずかなブレーキをかけてしまいました。原子力発電は、いったん動き始めるとフル出力での発電を余儀なくされるため、電力需要に合わせて出力調整のしやすい火力発電を副次的な電力に据える必要があります。再生可能エネルギーは、出力が自然任せの印象もあり、原子力発電との相性は良くないと考えられていました。そのため、気がつけば再生可能エネルギーの発電システムに関する国際市場の中で、わが国製品は存在感を失ってしまいました。

また、震災直後は、盛んに省エネが求められましたが、このところはビル空調もやや過剰な状況に戻ってしまった印象です。このままでは、省エネ機器まで国内企業による生産が尻すぼみとなってしまうでしょう。

欧州や中国が地球温暖化対策に前のめりなのは、温暖化対策の進展で生まれる新たなマーケットで、自国製品が一定のシェアを確保することを目指した成長戦略であるとの認識を持っておくことが必要です。温暖化対策に限らず、国際社会の変化にやや後ろ向きで追随する形のわが国は、もともとあった技術的優位性をみすみす手放していくことになるのです。

とりわけ製造業比率の高い地方圏では、改めて産業戦略として海外需要の取り込みが重要となります。注目される取り組みとして、鳥取県が主導して進める県内中小企業から中国・吉林省への電気自動車などの部品輸出戦略があります。2018年、鳥取県と吉林省は、吉林省内で生産されるＡＤＡＳ（先進運転支援システム）やＥＶ（電気自動車）などの先端自動車の部品を、鳥取県の企業が供給するための覚書を取り交わしました。

県主導でこうした取り組みが進められる背景には、鳥取県の製造品出荷額の低迷があります。鳥取県の製造品出荷額は、２０１３年頃の最悪期からは回復しつつあるものの、10年前に比べると依然として30％も低い水準にとどまっています。わが国の自動車産業のサプライチェーンにおいて、鳥取県の自動車関連産業の多くが重層下請けの下位に位置しており、当然期待される付加価値額も小さい状況にあります。

電気自動車の普及が進まないわが国の自動車産業界だけを相手にしていては、鳥取県の関連業界は商機を逸するばかりでなく、国際社会の中での存在感を獲得することは難しいと考えられます。鳥取県の自動車部品業界は、国際的な技術トレンドに追随するとともに、旧態依然とした重層的な産業構造からの脱却によって付加価値額を引き上げるため、電気自動車などのマーケット規模が世界一の中国の自動車メーカーに直接部品供給を行うサプライチェーンの構築を目指すのです。

国際化した企業は高い収益性がある

もう1つ、産業界が外需をしっかりと取り込んでいくべきと考える理由として、わが国が内需国とは言いながら、やはり海外マーケットを取り込んでいる企業のほうが収益性が高いという事実があります。中小企業といえども、輸出企業や海外直接投資（ＦＤＩ）を行う企業のほうが、国内マーケットのみをターゲットとする企業よりも収益性が高いことが知られています。

図表4－1は、海外進出に積極的な中小企業（製造業）の優位性を示す丸屋豊二郎氏らの先行研究のデータを整理したものです[4-1]。「非国際化企業」は、製品の輸出も海外への直接投資も行っていない企業です。「輸出企業」は、輸出は行っているものの、海外子会社を設置するなどの直接投資は行っていない企業のことであり、「ＦＤＩ企業」は、輸出は行っていないものの、海外直接投資を行っている企業です。図表は、非国際化企業を基準（＝1・00）として、国際化企業の1社当たりの雇用者数、付加価値額、労働生産性を見ています。

非国際化企業に比べ、海外とのつながりを有している国際化企業は、どの項目においても

図表4-1 国際化中小企業のプレミア（製造業）

	雇用者数	付加価値額	労働生産性
非国際化企業	1.00	1.00	1.00
輸出企業①	1.08	1.30	1.20
FDI企業②	1.21	1.30	1.06
輸出＋FDI企業③	1.29	1.48	1.14
国際化企業（①②③の平均）	1.18	1.37	1.15

（注）FDIは、海外直接投資の意。国際化企業のプレミアは、［国際化企業のパフォーマンス］／［非国際化企業のパフォーマンス］。分析は、丸屋氏らが経済産業省「平成26年企業活動基本調査確報」の原データから行ったもの。
（出典）丸屋豊二郎ほか『北陸地方創生と国際化・イノベーション』（日本評論社）の図表3.4より一部抜粋

高い値を示しています。とりわけ輸出、ＦＤＩともに行っている企業は、付加価値額が高く、高収益企業であることがわかります。

都道府県別に見ても、そうした傾向は認められます。図表４－２は、企業活動基本調査のデータをもとに、従業者当たり海外子会社数を横軸に、縦軸には従業者当たりの売上高を県別に示したものです。直線回帰した式の相関係数は決して高いと言えませんが、緩やかな右肩上がりとなっており、企業の海外志向の高さと１人当たりの売上高の間には一定の関係性が認められます。

もちろん、売上額や生産性が高い企業ほど海外に進出しやすいことを示しているにすぎない

図表4-2　県別、海外子会社数と売上高の関係

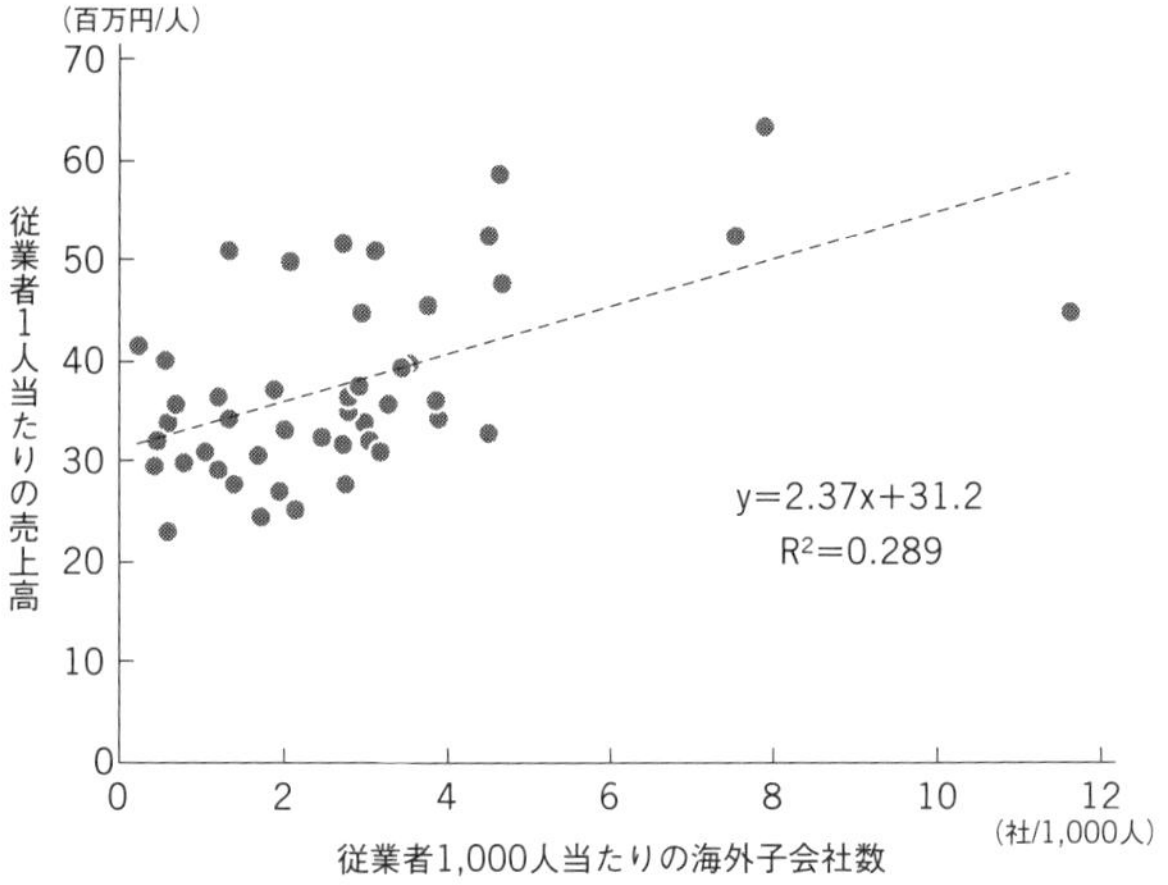
（百万円/人）
70
60
50
40
30
20
10
0
従業者1人当たりの売上高
y=2.37x+31.2
R²=0.289
0
2
4
6
8
10
12
（社/1,000人）
従業者1,000人当たりの海外子会社数

（出典）経済産業省「企業活動基本調査」

という見方も可能ですが、中小企業の強化に、海外との関係性構築が1つのキーポイントとなっていると見て良いのではないでしょうか。

『2019年版中小企業白書』に示されているように、中小企業においても、近年売上高に占める輸出比率は上昇傾向にあり、とりわけ地方部に本拠を持つ企業のほうが、都市部の企業よりも、輸出企業の増加率が高いことが知られています。[4-2] また、大企業には及ばないものの、中小企業でも海外子会社を保有する割合は緩やかに上昇し、2016年には14・2%まで高まっています。加えて、製造

業においては、売上高に対する輸出の比率が高いほどTFP上昇率は高いことが明らかになっています。[4-3]

一方で、進出国の人件費の高騰や円安の進展、さらには世界的な保護主義の台頭などから、いったんは海外に移した製造拠点を国内に回帰させる動きも見られます。足元の輸出額も振るわず、貿易統計によれば、2019年は前年比でマイナスの状況が続きました。

しかしながら、中長期的な企業の成長や技術蓄積のためには、これからも海外とのつながりを強化していくことは不可欠と考えられます。そもそもボーダレス時代、技術的な優位性があり高い収益性が期待できる企業を外国の資本が見逃すことはなく、そうした企業はおのずと国際化企業に成長していくはずです。企業、産業界は、中長期的な経営戦略の中で、輸出先、パートナーとなる国など海外戦略を見直しつつ、海外とのつながりを再構築することが求められるようになるでしょう。

東京と地方をつなぐ「人材シェアリング」の発想

人口が増加に転じることが期待できないわが国において、生産性を高める1つのポイントが〝人材〟です。第3章において、地方産業界の課題は、人口減少による単純な労働力不足よりも、戦略的なビジネスプランを策定できる人材や国際経験が豊かなマネージャークラス、先端的なＩＴ技術者などの高度人材が不足していることであるとしました。

こうした課題は地方に限らず、全国の中小企業が抱える課題です。日銀の企業規模別雇用人員Ｄ．Ｉ．（第3章図表3―4）を見ると、大企業では人手不足状況に歯止めがかかりつつありますが、中堅・中小企業は依然として改善が見られず悪化の一途です。

大企業で人手不足に歯止めがかかっている要因の1つに、新卒世代の囲い込みに成功していることが挙げられます。２０１７年の東京圏の転入超過数（日本人に限る）は、２０１４年と比較するとおよそ1万人増となっていますが、これを1歳刻みの年齢データで見ると、20～23歳の増加分だけでおよそ1万人に達してしまいます（図表4―3）。すなわち、東京圏の転入超過を押し上げているのは、22歳を中心とする大学新卒年代ということになります。東京都の新規求人倍率が他地域に比べて高いことからもわかる通り、わが国経済を牽引している東京の大企業が、好条件で若い世代の積極採用に動いているため、東京圏の転入超過数が押し上げられているのです。

図表4-3 年齢別、東京圏の転入超過数の推移（日本人のみ）

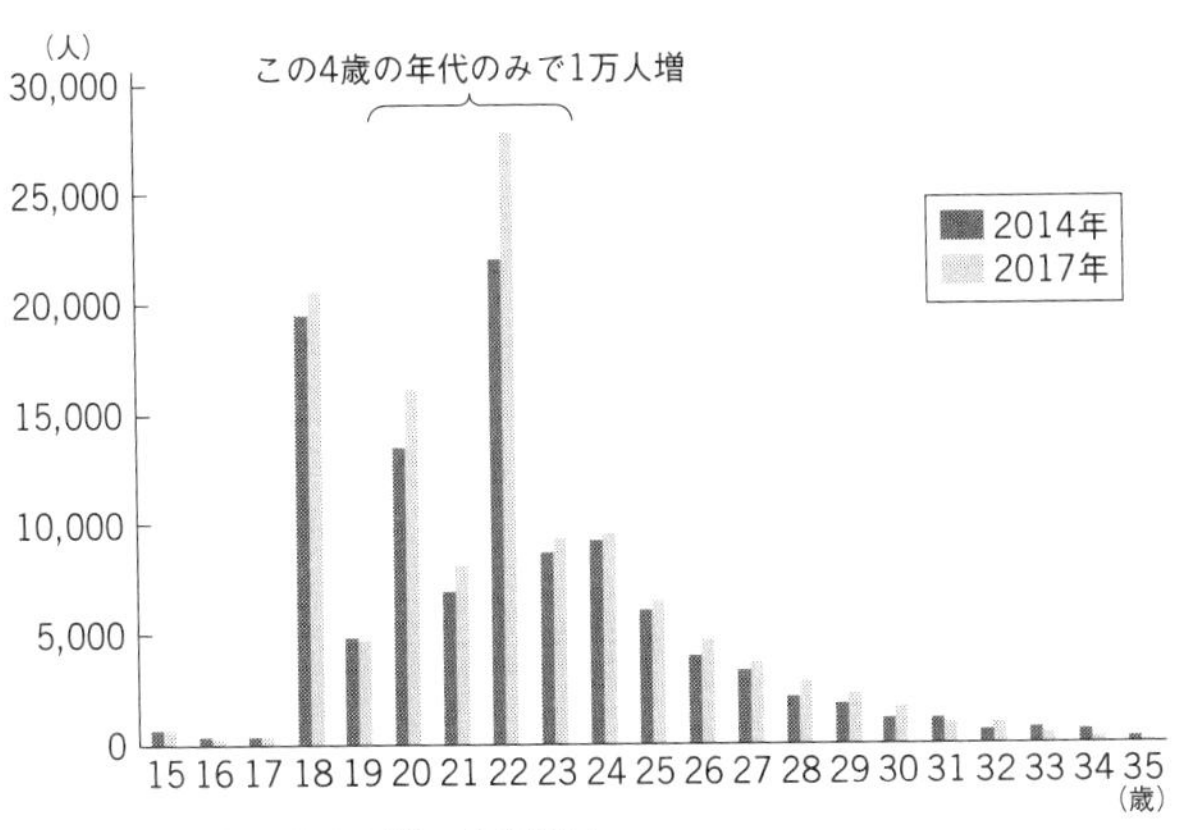

（出典）総務省「住民基本台帳人口移動報告」

少子化が進む中、大企業と中小企業で、あるいは大都市と地方で、これまで以上に人材の偏在が拡大していると考えられます。すでに、地方中小企業では事業承継が進まず、2025年までに黒字廃業が100万社に及ぶことが懸念されるほど人材不足は深刻となっています。

こうした動きに対し、大都市の人材を地方の企業に紹介するために動き出したサービスもあります。子育ても終わり、フットワークが軽くなっていると考えられる定年退職世代には、多くの高度人材が眠っています。こうした人材の有効活用に向け、北海道の北洋銀行は、2017年、株式会社日本人材機構と共同出資で北海道共創パートナーズを立ち上げ、人材紹介サービスを中心とする道内企業の生産性向上に向けた支援事業に取り組み始めています。地方銀行が人材紹介業に参入することについては、すでに規制緩和されています。

今後は、単なる定年退職世代の人材紹介にとどまらず、東京の大企業が囲い込む現役高度人材を、中小企業や地方の企業ともうまくシェアする社会システムを築いていくことも望まれます[4-4]。すでに、社会の流れとしては、企業が社員の兼業・副業を認める方向に進んでおり、高度人材の活躍の場が一企業にとどまらない素地はできつつあります。

インターネット環境の整備により、たとえ地方企業であっても東京の人材を活用することが容易となっています。一般にサテライトオフィスと言うと、大都市の企業に勤める社員が、地方に拠点を構えてリモートワークするイメージですが、その逆こそ地方の企業が高度人材の活用を可能とする仕組みです。例えば、東京で働く人材が、居住地を変えることなく、地方の企業にリモートワークするのです。地方に転居することが難しい事情を抱える人材であっても、リモートワークが可能な分野であれば、地方企業の生産性向上のために貢献できる方法はあるはずです。

すでに、複数の人材紹介サービス事業者が、都市人材を地方の企業につなぐサービスの提供を始めています。今後は、こうした〝人材シェアリング〟の発想が、全国の中小企業の生産性向上に欠かすことができないサービスに発展していくことになるでしょう。

地方中小企業強化のカギを握る地銀

わが国産業界の生産性を高める上で重要となるのは、地方における中小企業の強化にほかならず、その中心的な役割を果たすことが期待されるのが地域に展開する金融機関です。ここでは、地方銀行に加え、信金・信組をまとめて地銀と表記します。

低金利が長期化する中、地銀は収益性が低下するとともに、一般企業やスタートアップにおける資金調達の方法が多様化し、すでにその役割を終えつつあるとの見方もあります。しかし、中小企業が生産性向上を図る上で、地銀には、コンサルティングにもとづいた資金供給のほか、人材紹介機能やオープンイノベーションにおけるマッチング機能、中小企業のM&Aなど多様な役割が期待されます。

資金供給の役割として、近年は、ベンチャーキャピタルやクラウドファンディングなど多様な資金調達方法が普及しています。スタートアップなどでも以前に比べれば資金調達のチャンスが広がっており、地銀の役割は相対的に小さくなっていると考えられがちです。しかしながら、すべてのスタートアップが簡単に十分な資金を調達できるわけもなく、コンサルティングを行いながら資金供給も行うことができる地銀の果たすべき役割は、依然として重要です。

近年、地銀が自ら地方活性化のためのファンドを組成している例もあり、以前の融資一辺倒だった頃に比べれば、比較的リスクの高い事業にも資金を出しやすくなっています。また、日本政策金融公庫の資本性ローンなどと協調融資を行うことで、地銀にとってのリスクの低減を図るという手段もあります。資本性ローンとは、返済順位の低い劣後ローンであり、借入金の一部を自己資本とみなすことができ、融資を受ける事業者にとって使い勝手の良い資金です。

地銀が地方における資金供給の要であることはこれからも不変ですが、より重要性を増すのが、中小企業への人材供給やオープンイノベーションのマッチングを担っていくことです。地銀における人材供給の役割はすでに示した通りです。地銀が、高度人材を必要とする地方中小企業のニーズの掘り起こしを行い、人材紹介事業者が保有する転職・副業希望者のデータベースとマッチングさせることになります。中小企業とつながりの深い地銀の仲立ちによって、企業ニーズと人材のポテンシャルにミスマッチが生ずるリスクを低減させることが期待されます。ＩＴ分野や海外業務経験を有する高度な人材が不足しがちな地方において、大都市の人材を地方企業に紹介するようなマッチング業務に期待が集まります。

オープンイノベーションについても、企業同士、あるいは企業と研究機関のマッチングに際して地銀が果たすべき役割は大きいと考えられます。大企業のように情報の収集や発信にコストをかけることができない地方の中小企業では、せっかくの優れた技術やアイデアが、情報の受発信能力の不足のために埋もれてしまっている可能性も否定できません。こうした中小企業のニーズやシーズを掘り起こすことも、地域に根差した地銀の役割となります。

さらに、中小企業のＭ＆Ａを進める上でも、地銀が中心的な役割を果たすことに期待が集まります。すでに示した通り、地方には、２０２５年までに後継者難によって黒字でありながら廃業することが見込まれる企業がおよそ１００万社あると見られます。赤字企業が倒産・廃業するのは致し方ないとしても、黒字企業が廃業することは、地域の雇用や技術が失われていくことにほかならず、地域、ひいてはわが国にとって大きなマイナスです。地銀には、これまで築いてきたネットワークを生かし、地方中小企業のM&Aを進める要としての役割が期待されます。

人口減少が確実な地方の地域産業の浮沈は、地元中小企業の踏ん張りとともに、地銀の働きが握っていることは間違いありません。地銀には、すでに役割は終えたとの見方もある中で、単なる資金の供給者の役割を超え、地域産業の強化や再編、構造転換にこれまで以上の働きが求められているのです。

【注】

4―1　丸屋豊二郎ほか『北陸地方創生と国際化・イノベーション』日本評論社　2017年9月。

4―2　中小企業庁編『2019年版中小企業白書』2019年6月。

4―3　内閣府「産業別生産性の動向等について（平成26年3月20日）」「選択する未来」委員会、第2回成長・発展ワーキング・グループ会議資料。

4―4　星貴子「地方中小企業の中核人材不足解消に向けて―人材の還流とシェアを軸にした事業承継支援―」JRIレビュー 2019 Vol.6 No.67。

第 5 章

生みの苦しみを受け入れる

農業の生産性が著しく低くなった歴史的経緯

生産年齢人口の減少を踏まえれば、生産性が高い地域や成長力が期待できる産業に向けた自然な人口流動を妨げるべきではありません。残念ながら地方創生戦略には、地域の経済的な基盤を顧みることなく、地方に若い世代がとどまることが善という思い込みが見受けられます。

振り返ってみると、例えば高度成長期、大都市に向けた大規模な人の流れがありました。1962年、東京圏の転入超過はピークを迎え、現在の3倍に相当する38万人を記録しました。それだけ多くの人が、仕事と富が集中する東京を目指したのです。

地方出身者の多くが農家の出身でした。ここでは、戦後におけるわが国農業の変遷と従事者の減少について見ていきたいと思います。

1961年、その後のおよそ40年間にわたり日本農業の憲法であり続けた農業基本法が制定されました。この農業基本法が、その後の農業、とりわけ北海道の農業のやり方を大きく変えていくことになります。

農業基本法の前文には、「近時、経済の著しい発展に伴なつて農業と他産業との間において生産性及び従事者の生活水準の格差が拡大しつつある」という現状認識のもと、そうした状況を改善するため、「農業の近代化と合理化」を図るとあります。すなわち農業基本法は、農業の生産性向上を図り、他産業従事者と均衡するレベルまで農業従事者の所得を引き上げることを目的とした法律だったのです。

具体的には、「需要が増加する農産物の生産の増進、需要が減少する農産物の生産の転換」というように、後の減反政策につながる方向性が示されているほか、「農業経営の規模の拡大、農地の集団化、家畜の導入、機械化その他農地保有の合理化及び農業経営の近代化」を図るとあります。これは農業の構造改善と呼ばれ、その後の農業政策の柱となっていきました。

政府では、農業構造改善事業として、補助金を出して大型機械（トラクター）などの導入や共同経営などを促しました。広い農地を耕作する近代的で合理的な、いわば企業的な農家の育成が目指されたのです。それまで各地で飼われ、農家の支え手であった農耕馬は時代遅れのものとされ、トラクターに置き換わっていくことになりました。

そしてもう1つ、農地の所有権にメスが入ります。1960年頃の農家が所有する農地が小規模であったため、これを大規模化することを狙ったのです。

もともと地主－小作制であったわが国の農地所有のあり方が、敗戦後、GHQの指令により根本的に改められました。敗戦まで大規模地主に集中していた農地を、小作農家に解放する自作主義に大きく方針が転換されたのです。いわゆる農地解放です。地主の農地を国が買い上げ、小作農家に安価で譲り渡しました。

農地解放では、農地の所有権の移転が厳しく制限されることになりました。常識的には農業でも規模の経済が働きますから、放っておけば集約の方向に進むはずです。せっかく小作農家に農地を分割して自作農にしたわけですから、再集約に向かわないように農地の所有権の移転に規制をかけたわけです。これにより、特に本州において小規模農家が温存され、現在に至っています。そのため、本州の農業は、著しく生産性の低い状態が長期にわたり続くことになってしまいました。

余談になりますが、「先祖伝来の田畑」という言葉があります。なんとなくそんなものかと思ってしまいがちですが、先祖伝来とは言っても、実際には戦前はあくまで小作をしていたにすぎず、農地解放や戦後開拓によって所有権を手に入れた農家も多かったようです。

今では当たり前のようにある制度や社会システム、あるいは農地の所有権のような俗に言う岩盤規制のようなものであっても、ずっと昔からあったものは少なく、実は戦後導入されたものが多いのです。長い間、農地を所有できるのは農家だけという規制があり、それが企業などの農業参入を阻む壁となってきました。この制限も、戦後の農地解放によって導入されたものにすぎないわけです。「ずっとこれでやってきたから」とは言っても、せいぜい70年の歴史しかないわけで、時代の変化に合わせてこれからも社会の仕組みをフレキシブルに変えていくべきであると考えられます。

話は農地から離れますが、当たり前のことと長く思われてきたことでも、実は戦後、政治主導で意図的に定着された考え方は珍しくありません。マイホーム信仰と専業主婦がその典型です。

戦前、都市部では借家住まいが一般的でした。とりわけ災害が多い江戸、東京では、個人が住宅を保有するよりも、資本家が所有したほうが、都市再建の際に都合が良かったと考えられます。それが一変し、住宅取得が推奨されるようになったのは、やはり戦後のことです。住宅不足解消とともに、一種の経済振興策として、個人がローンを組んで住宅を取得することが推奨されたのです。いまだに有力な経済対策として住宅ローン減税が行われていますが、その負の側面として、優良な賃貸住宅市場が形成されず、一方で全国に空き家が増えています。

また、家長であるお父さんが働き、お母さんは専業主婦という、いわゆる〝標準世帯〟の考え方も戦後に広まったものです。保育園などの社会システムの整備が十分でない中、高度成長を支える猛烈社員を確保するため、女性が家庭に入るほうが都合が良かったと考えられます。戦前は、農村部に限らず都市部でも女性が働くことは当たり前でしたが、戦後は女性が家庭に入るほうが経済的に有利となるような税制、社会保障制度が導入されました。パートに出る女性が、夫の扶養から外れないように所得を抑えるのはその名残です。

北海道はいかにして食える農業地域になったのか

話を農業基本法に戻しましょう。農業基本法では、農地所有の権利に関して、移転の円滑化を促しました。これは、農業をやめる農家から、農地を拡大したい農家への農地の権利移転を容易にすることを狙ったものです。すなわち、農業という産業の生産性を高めるため、小規模農家から大規模農家に農地の移転を促し、小規模農家に離農をすすめたのです。当時の新聞を読み返してみると、実際に「離農のすすめ」なる言葉を見出すことができます。

特に北海道では、もともと1軒当たりの所有農地面積が本州に比べて格段に広く、農家が借金をして大型の機械を導入するような農業が定着しており、農業基本法によってそうした動きにいっそう拍車がかかっていきます。さらなる経営規模の拡大は、借入金を膨らませ、それに耐えられなくなった小規模農家から離農していくことになりました。離農した農家の土地を、規模拡大を図る農家が吸収し、さらなる農地集約が促されていくことになったのです。

北海道では、地域特有の構造的な要因があったにせよ、農家は急速にその数を減らし、その一方で農地の集約が図られていきました。２０１５年の北海道の農家数は、１９６０年と比較して2割足らずにまで減ってしまっています（図表５－１）。すなわち、８割以上の農家は離農したことになるわけです。

一方、北海道を除く地域（本州）では、経営規模の拡大と言いながら、北海道ほどには集

図表5-1　日本の農家数の推移（北海道・本州）

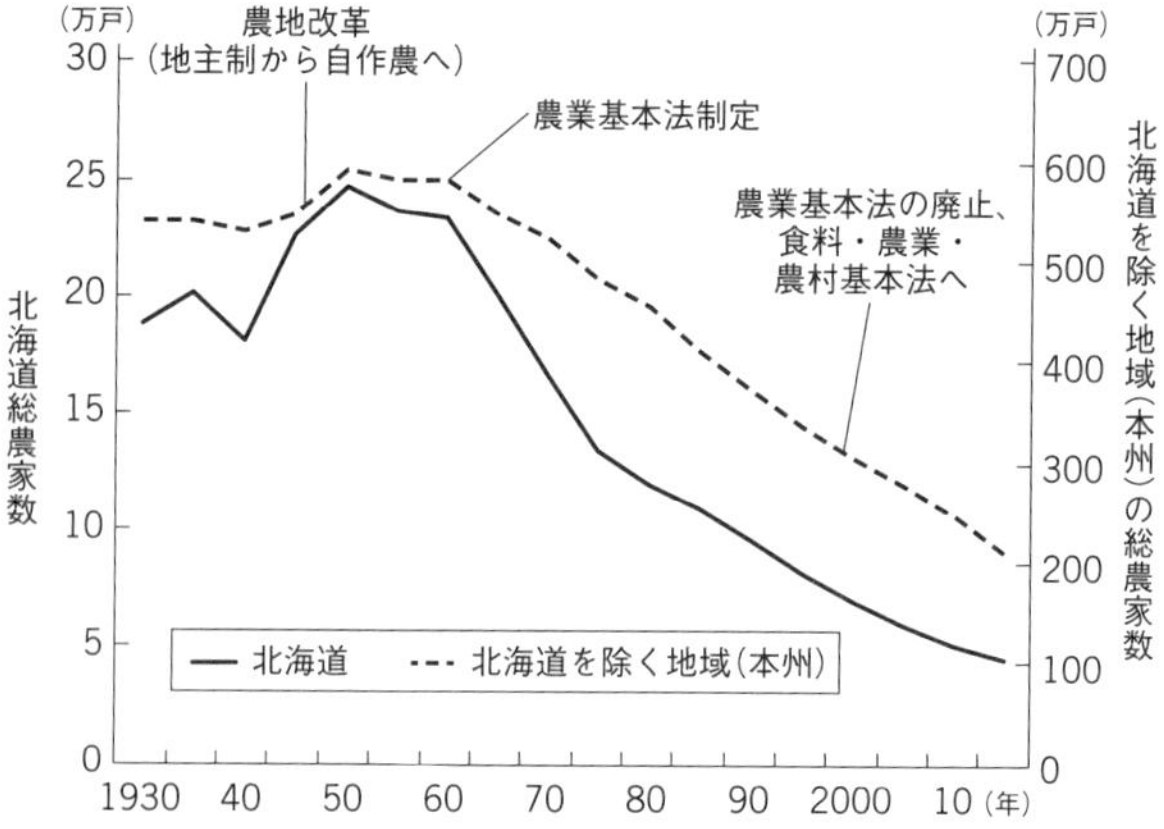

（注）1945年のデータは、1946年のデータで補完
（出典）農林水産省「農林業センサス」

約が進みませんでした。北海道で8割の農家が離農したのと同じ期間に、本州では64％減程度の減少にとどまっています。その主な要因は、北海道と異なり、比較的手間がかからないとされる米作主体の農業であることや近隣に就業先が見つかりやすいことなど、兼業農家として農業が続けられる環境があったことが大きいと考えられます。最近でこそ、本州でも農業生産法人による規模の大きな農業が普及しつつありますが、個人経営の小規模農家が自主的に退場するには至りませんでした。

集約と経営の合理化、さらには収益性

の高い農作物への転換という農家の努力と多くの農業者の離農によって、少なくとも北海道では、農家1軒当たりの収入が急速に高まっていきます。近年は、北海道の農家の年収は、農業収入だけで1000万円を上回る水準となっています。

一方、北海道以外の農家ではそれほど集約が進まなかったため、農業所得は160万円程度にすぎず、兼業収入と合わせて300万円を稼ぐ構造となっています。

わが国では、北海道を中心に多くの農家が離農したことになりますが、喜んで離農した人は少なかったことでしょう。中には経営が破綻し、夜逃げ同然で故郷を離れた人も多かったはずです。離農した人の多くは都市住民となり、わが国の経済成長の担い手となっていきました。

この本の中心的な論点の1つは生産性向上ですが、単に新技術を導入すれば生産性が上がるというものではありません。場合によっては生産性の低い企業や産業で従事する労働者を減らし、その分、生産性の高い産業への移動を促さなければならないこともあるでしょう。生産性を高めるというのは、北海道の農家のように、ときにシビアな人の転居や産業間の労働移動が求められることがあるのです。

今後についても、単純に地方に若い人がとどまることが善と考えるのではなく、各地に富を生み出すことができる仕事を育て、それに見合った規模の若い世代が定着するよう促していくことが望まれます。当然、地方においても富を生み出せるように産業構造を変え、新陳代謝を活発化していくことが重要となります。

過疎地域での移動手段を確保する技術革新

人手不足が深刻な過疎地域や山間部でこそ、イノベーションの成果を導入するメリットは大きいと考えられます。とりわけ地域交通、決済システム、介護サービスなどでは、新しい技術の導入の進展具合こそが地域の持続性・効率性を左右することになります。

簡単な事例をいくつか挙げてみましょう。1つ目が、モビリティ、すなわち地域交通です。過疎地域では、鉄道や路線バスの存続が極めて難しい状況となっています。そもそも地域住民の利用だけを前提にしていては、多くのローカル鉄道や路線バスが赤字となることは避けられません。

広島県三次市と島根県江津市を結んでいた三江線が2018年3月末をもって廃線とな

り、北海道の石勝線夕張支線は２０１９年3月末で廃線となっています。北海道では、夕張支線のほかにも、日高本線や留萌本線の廃線が現実味を帯びてきています。また、路線バスでは、収益性の悪化や運転手の確保が難しくなり、国や地方自治体の補助金でどうにか存続している路線が少なくありません。

こうした地域では、多くの市民が移動にマイカーを利用しており、公共交通機関の日常的な利用者のほとんどが高齢者と学生です。そのため、今後、利用者数が回復する見込みもなく、多くの地域では鉄道・バスの廃止やむなしとの認識が根づいているものの、現在利用中の高齢者にとっては代わりとなる交通機関は見当たらないのが現状です。

鉄道やバスのほかにタクシーという選択肢もありますが、これもまた厳しい状況にあります。筆者は仕事柄、頻繁に地方都市を回りますが、駅前の乗り場で待っていても一向にタクシーが来なかったことは一度や二度ではありません。タクシー会社に電話を入れても、「出払っていてかなりお待たせします」との返答があることもしばしば。確実にタクシーを捕まえるには、事前予約が必要というのが常識のようです。ただ、行楽や仕事で移動する場合、スケジュール通りに動けないこともあり、また、急遽予定を変更せざるをえない場合もあるでしょう。現在の地方の交通事情は、私たち国民や外国人観光客の移動ニーズにとうてい応えられるものとはなっていないのです。

こうした現状は、交通政策基本法第2条にある「交通に関する施策の推進は、交通が、～（中略）～活発な地域間交流及び国際交流並びに物資の円滑な流通を実現する機能を有するものであり、～（中略）～国民その他の者の交通に対する基本的な需要が適切に充足されることが重要～（後略）～」からはかけ離れた現状にあると言えます。国民の基本的人権とも考えられるスムーズな移動を担保するため、新しい仕組みやテクノロジーを導入し、地域ニーズに合わせた社会システムに変えていくことが必要なのです。

地方特有の課題も、ライドシェアや自動運転、ＭａａＳ（Mobility as a Service）といった新しい仕組みや技術で解決に向けた光明が見え始めています。中でもライドシェアは最も導入しやすい取り組みです。何ら新しい技術がなくても、導入することができます。すでにあるタクシーの配車サービスを応用して、移動希望者と地域住民のマイカーをマッチングすれば良いのです。

地域によっては、タクシーのカバーエリアであっても1台しか配車されていないなど、極端に需給のバランスが崩れてしまっていることもあるでしょう。こうした地域では、タクシーがサービスしきれないエリアやタイミングにおいては、タクシーの配車システムを利用し、移動希望者と地域住民でお手伝いできる人をマッチングすることになります。

こうした地域住民が公共交通を支える仕組みとして、自家用有償旅客運送という仕組みが用意されています。これは、公共交通がカバーしきれない交通不便地帯において、二種免許を保有していない地域住民が移動サービスを担う仕組みです。近年注目されているライドシェアのうち、法的に認められているサービスです。

兵庫県養父市では、2018年5月より、地域限定で自家用有償旅客運送を市民以外にも開放し、観光客でも利用可能としました。「やぶくる」と名づけられたこの制度は、地域自治組織と市役所のみならず、交通事業者や観光関連団体が連携してNPOを設立し、登録ドライバーがマイカーを使って利用者の移動を支えるものです。

なお、交通事業者として市内のタクシー事業者が参画しているため、登録ドライバーの手配は利用者から電話を受けたタクシー事業者が担っています。すなわち、養父市では、バス停や駅から自宅までの移動(ラストワンマイル)などを、タクシーと自家用有償旅客運送がタクシー会社の配車システムによって互いに補い合っていることになります。現時点では、「やぶくる」の運行は8時から17時まで、しかも運行エリアが決められているといった限定的なサービスではありますが、運賃は初乗り2㎞まで600円、以後750mごとに100円加算となっています。初乗り運賃はタクシーと同水準であるものの、長距離になると多少割安になる設定となっています。タクシー事業者がカバーしきれないエリアや時間帯に限って自家用有償旅客運送を認めることで、住民や観光客の移動を担保しているのです。

余談となりますが、しばしば公共交通は「派生需要」に位置づけられます。派生需要とは、本来の目的を遂行するために派生的に生ずる需要を指します。買い物のため、通勤のため、観光のために公共交通が必要となるのです。そして、地方や中山間地域では、ここで言う本来の目的こそが、地域の存続や活性化のために重要な要素なのです。派生需要である公共交通が制約となって本来の目的を果たせないという状況は、極力避けなければなりません。観光施設に行きたい旅行者がいるのに移動手段がないという地方でよく見かける状況が、最もダメなパターンです。わが国では、しばしば派生需要側の既得権益が勝り、せっかくの地域活性化のチャンスをみすみす逃していることがあります。

中山間地域では、賃金水準の低さから、若い世代が専業のタクシー運転手となって生計を立てていくことは容易ではありません。こうした地域では、今後、運転手が確保できず、自家用有償旅客運送に切り替えていかざるをえない場合も増えてくることが予想されます。

タクシー業界はライドシェアを〝黒船〟とみなし、二種免許を持たない運転手に有償運送を開放する規制緩和に猛反対しています。しかし、とりわけ中山間地域では、タクシーと自家用有償旅客運送を対立的な交通機関ととらえるのではなく、相互補完的であるとの認識のもと、同一の配車プラットフォームで管理することに意義があると考えられます。システム上優先的にタクシーが配車されるようにしておき、配車要請に応えられるタクシーがない場合に限り、自家用有償旅客運送が配車される仕組みとしておくことで、その本来の役割を逸脱しているとは言えなくなります。

自動運転技術が汎用化すれば、ラストワンマイルを含めたコミュニティ交通への自動運転車両の投入が現実味を帯びてきます。そうなれば、運転手の資格や運営主体などによる区分けはほとんど意味がなくなり、必然的にタクシーと自家用有償旅客運送は統合される方向にあると考えられます。自動運転を活用したコミュニティ交通へのスムーズな移行を踏まえた体制の整備が必要となり、地域交通のプラットフォームも一本化されていくことになるでしょう。

次いで課題となるのが、ライドシェアを含め、路線バスやタクシー、鉄道といった一連の公共交通サービス同士がシームレスな連携を図ることです。そこで提案されているのが、MaaSです。MaaSは移動手段をサービスとして利用する仕組みで、カーシェアリングやライドシェアといった新しいサービスと従来の公共交通を組み合わせてシームレスな移動と決済システムを一体的に提供するものです。MaaSの仕組みを提供するいわゆるプラットフォーマーとなることで、人の移動と行動パターンに関して莫大な情報とマネーフローを押さえることができるようになるため、国内外各社が先陣争いにしのぎを削っています。

キャッシュレス決済は過疎地域でこそ生きる

人手不足が深刻な地方の過疎地域や山間部でこそイノベーションの成果を導入するメリットが大きいと考えられるものとして、もう1つ、キャッシュレス決済システムを挙げておきましょう。

わが国の場合、従来型のキャッシュレス決済であるクレジットカードの利用率は、大都市では高いものの、地方部では低いというのが一般的な認識でした。ところが、消費税の引き上げに向け、政府がキャッシュレス決済を強力に推し進めたことや新しい手法であるQRコード決済が普及しつつあることで、そうした状況に変化が見られます。

日経BPなどの調査[5-1]によれば、クレジットカードを含むキャッシュレス決済全体では依然として首都圏など大都市の利用率が高いようですが、QRコード決済に限れば、鳥取県、山形県、新潟県で高いことがわかっています。

さらに、一般に年齢が高いほど現金決済を好むと考えられがちですが、同調査にはその常識を覆す結果が示されています。年齢が高まるほど、キャッシュレス決済を好む人の割合が増えていたのです。筆者自身も、このところ現金で決済することはほとんどなくなりました。小銭を数えるわずらわしさや現金を絶えず用意しておくという手間から解放されるキャッシュレス決済は、年代を問わず今後普及する可能性があると考えられます。

そうした都市部における社会の急速な変化とは無縁と考えられ、取り残された感があるのが、高齢者の割合が高い過疎地域です。しかし、そのような地域でこそ、キャッシュレス決済が生きてくるとも考えられます。過疎地域や山間部では、現金を用意するという行為自体が時間の経過とともに難しくなりつつあるのです。簡易郵便局を含む郵便局の数はある程度維持されてはいるものの、民間金融機関や農協では支店の統廃合が進み、過疎地域から支店までは遠くなる一方です。

そのため、過疎エリアに暮らす高齢者が一定の現金を常に用意しておくことは難しくなりつつあるわけですが、一方で移動販売車など現金を使う場面は依然として少なくはありません。ＭａａＳなどと連携して日常的な買い物や移動に際しキャッシュレス決済ができるようになれば、高齢者が現金を用意する負担を軽減し、自由な行動や購買が可能となるのではないでしょうか。

課題先進国であるわが国の中でも、過疎地域はさらにその最先端を行っています。そうした地域の生活を維持していく上でイノベーションの成果を速やかに導入し、社会を変えていくことが望まれているのです。

都市のコンパクト化は避けられない

人口減少を踏まえれば、都市のコンパクト化は喫緊の課題です。公共交通の見直しと合わせて、東京を含むそれぞれの地域が都市のあり方を再検討することが必要になっていると考えられます。

残念ながらわが国の場合、もはやすべてのインフラを維持していくことが難しい状況にあります。人口減少への備えとしてインフラの取捨選択に迫られ、しかもこれからは現在の水準の公共事業費すら維持していくことが難しくなるでしょう。たとえ公共事業費の水準を維持できたとしても、年々、既存インフラの維持管理費、老朽インフラの更新費などに割かなければならなくなる割合が増えるため、高速道路や下水道の延長など新規投資がほとんど不可能となることが予想されます[5-2]。利用率が低く効率性も低いと考えられるインフラから、本格的に廃却を検討しなければいけない時代に足を踏み入れていると考えるべきです。

その際、都市エリアの絞り込み、すなわちコンパクトシティを形成し、効率性の高い地域の形成に向けた都市の再構築を図る発想が重要となります。地方においても、１人１台マイカーを用意し、それぞれが移動できることが豊かさの証しであった時代は間もなく終焉を迎えると考えられます。

少し先の未来を展望すれば、カーシェアリングや自動運転の普及とともに、ＭａａＳの進展によって移動自体は単なるサービス消費にすぎないという認識が定着し、いかにスムーズに目的地にたどり着けるのかということが重要視されるようになるでしょう。そうなれば、当然移動サービスの効率性が求められるようになり、利便性の高いコンパクトな都市構造が必要となるはずです。

巨大なコンパクトシティである東京では、自動車を保有することによる経済的な便益とそのためにかかる諸経費、渋滞による時間の損失、駐車場の確保、公共交通の利便性などの諸問題を天秤にかけ、マイカーを持たない選択をする世帯が少なくありません。実は、地方圏においても、若い世代ほどマイカーでの移動頻度が少なくなっています。[5-3]

確かに、地方の経済発展には、依然として巨額のインフラ投資が必要であるとの考え方には一理あります。過去を振り返れば、１９７０年代を中心に、地方の生産基盤強化に向けた積極的なインフラ投資が各地の地域経済を押し上げて地域間格差の是正に貢献し、結果的にその後のわが国経済成長の原動力となったこともありました。

ところが近年は、インフラ投資が地域の発展に結びついているとは言い難い状況にあります。都道府県別に見ると、人口１人当たりの生産基盤投資額の多い県が、必ずしも経済成長率が高いとは言えない状況にあることがわかっています[5-4]。

地方圏では人が広いエリアに分散して暮らしている現状を踏まえれば、人口当たりの公共投資額が増え、おのずと投資の費用対効果が低下することはある程度やむをえないのかもしれません。しかし、本格的な人口減少時代の到来を前に、生産性向上が期待できない投資を無制限に増やすことは許されません。都市をコンパクトにして、効率的な生活環境や生産基盤を構築することが必要となるのです。

特にこのところ、水害を中心とする甚大な降雨災害が頻発しています。地球温暖化の影響であるとの見方もありますが、わが国全体を見渡せば、頻繁に１００年に一度というような降雨によって広域に被害が及ぶ水害が発生しています。

ところで、過去10年間の全国の水害による被害を１人当たりの被害額という指標で見ると、首都圏よりも地方圏で高くなっています。これは、首都圏は水害のリスクエリアにおける人口密度が高いため、水害防止に向けた公共投資の優先順位が高く位置づけられ、多くの税金がそこに投入されているためです。人口密度が低く、今後もさらなる人口減少が予想される地方においては、水害リスクの高い広大なエリアに対して、まんべんなく水害防止のための公共投資を行うことは難しいと考えられます。

以上を考えても、都市のコンパクト化は不可欠であり、なるべく災害リスクの低いエリアに集住することが望まれます。水害対策費を集住エリアに重点投資することで、より安全で効率性の高い都市を築いていかなければならないのです。

現在、国が推進している立地適正化計画というコンパクトシティ政策は、集住を促す居住誘導区域として、浸水が懸念されるリスクエリアは除外することが望ましいとしています。すべての住民を一定のエリアに集住させることは不可能と考えられるものの、少しでもリスクが低く、しかも効率的な都市の形成を目指し、インフラ投資を吟味していくことが必要となります。

廃線危機のローカル鉄道が外国人観光客で甦る

各地域が生産性を高める努力をするとはいっても、無から何かを生み出していくことは容易ではありません。すでにある地域資源を生かしつつ、必要性に応じた投資を適切に実施していかなければならなくなるでしょう。前節では、インフラの取捨選択が必要であるとしましたが、ここでは数ある既存インフラの中でも、ローカル鉄道の活用方法について考えてみたいと思います。

すでに述べたように、需要の低下から廃線の危機にあるローカル鉄道が少なくありません。２０１６年、ＪＲ北海道は、およそ半分に相当する営業線区について、今後自社単独では存続ができなくなることを発表しました。すでに石勝線夕張支線が廃線となり、また札沼線の一部について廃線が決定済みで、そのほか日高本線や留萌本線も俎上に載せられています。

これらの路線では、地域住民の利用だけを考えていては経営を維持することが難しく、採算性の観点から、バスなどへの転換は妥当と考えられがちです。少しくらい利用者が増えたところで、運行経費を賄えるほどの収益があげられるとは思えず、まして路線の維持にかかる費用まで考慮すれば、黒字化は夢の先にあります。

しかし、こうした人口減少地域にとっては、ローカル鉄道といえども重要な地域資源です。それ自体が黒字にならなくても、鉄道インフラを活用して地域全体の富が増えればいいと腹をくくることも必要なのではないでしょうか。鉄道を活用した最も手っ取り早い稼ぎ方は観光客の誘致です。北海道で廃線が示唆されている路線の沿線地域では夢物語と感じられるかもしれませんが、外国人観光客が大挙して乗車するローカル鉄道があります。

岡山駅から瀬戸内海に面した宇野駅に至るＪＲ宇野線は、瀬戸大橋が開通する以前、香川県の高松に向かう宇高連絡船に乗り継ぐ多くの乗客が利用していました。１９８８年に瀬戸大橋を通るＪＲ瀬戸大橋線が開通後は、終着の宇野駅に至る乗客の激減が予想されました。しかし、今、宇野線に乗ると、時間帯によっては、2両編成のワンマン運転の列車が、乗り切れないほどの乗客で、さながらラッシュアワーの様相を呈することがあります。そのかなりの割合が外国人旅行者です。

瀬戸内海の島々はすっかり現代アートの中心地として世界的に認知されており、日々、外国人観光客が大挙して訪れています。宇野線は、現代アートを目指して直島などの島々を訪れる観光客や、時折、宇野港に寄港するクルーズ船を降り、岡山方面に向かう乗客などの移動の足となっているのです。いや、単なる移動の足にとどまらず、1つのアトラクションにさえなっているようです。利用している外国人観光客を見ても、ぎゅうぎゅう詰めのローカル線を楽しんでいるようですらあります。なお、筆者が宇野線に乗車したのは、海外でも認知度の高い瀬戸内国際芸術祭の開催期間ではなかったにもかかわらず、ぎゅうぎゅう詰めの状態でした。

瀬戸大橋が開通し、宇高連絡船の乗り継ぎ客の需要が少なくなったときには、誰が今のような状況になることを予想したでしょう。もちろん、宇野線沿線は、北海道の夕張のような極端な過疎地域ではなく、瀬戸大橋が開通した当時、利用者の減少をもって即廃線という話にはなりませんでした。四国へ向かうJR西日本の幹線ルートからローカル路線に格下げになったとはいえ、宇野線が維持されたことは瀬戸内海の島々を目指す外国人旅行者にとっては幸いでした。万が一、宇野線が廃線となっていれば、外国人にとって瀬戸内海の島々への旅は味気ないものとなり、地域の集客力も低下していたかもしれません。

今、廃線が俎上に載っている留萌本線では、外国人観光客を呼び込めておらず、利用者の多くが地元住民です。2018年に筆者が乗ったときにも、外国人観光客と思しき乗客は1人も見かけることはありませんでした。人口減少にともない利用者も減っており、地域住民の利用だけに期待していては、存続は見込み薄です。自動車専用の深川・留萌自動車道が2020年3月末に全線開通し、廃線に向けた議論が一気に進む可能性もあります。

しかし、留萌本線への乗換駅である深川駅までは、函館本線の特急列車に乗って多くの外国人観光客が来ています。ただ、深川駅で降りることはなく、そのまま通過し、別の観光地を目指していってしまうのです。観光ブームに沸く北海道では、多くの外国人観光客が特急列車に乗って移動しています。富良野のラベンダーやオホーツクの流氷の季節には、特急ライラックや特急オホーツクの大半の指定席は外国人によって占められるとのことです。

函館本線の特急に乗っている外国人の一部でも留萌本線に呼び込むことができれば、地域経済が好転するきっかけとなるのではないでしょうか。それにはJR北海道単独ではなく、地域の多様な主体が連携し、外国人の呼び込みに尽力することが必要となります。特に、外国人観光客が地域に来訪することで利益を得ることが予想される観光事業者の積極的なかかわりが望まれます。

２０１６年、北海道新幹線が新函館北斗駅まで開通したことによりＪＲから切り離された江差線が、第三セクター化され誕生した道南いさりび鉄道は、観光列車「ながまれ海峡号」を導入しました。

「ながまれ海峡号」の特徴は、旅行代理店である日本旅行が企画からチケット販売まで深くかかわっている点です。低予算の中、すでに30年以上使い込まれた古いディーゼル車両のデザインを一新して観光列車に仕立て直したところ、津軽海峡に面した立地の良さと地元の食の提供が相まって、人気を博すようになりました。日本旅行が行ったアンケート調査によれば、地元の海産物をホーム上でバーベキューにして乗客に供する茂辺地駅での趣向が人気を博しているということです。

これまでの観光企画列車は、鉄道事業者が運営し、旅行代理店がチケットを販売するという役割分担で企画されることが一般的でした。しかし、「ながまれ海峡号」で見られるＪＲ時代には決して生まれてこなかったであろうホーム上でバーベキューをするなどという自由な発想や、観光列車に最も重要な要素であるチケットの販売力は、旅行代理店が企画から販売までを担うという新しい仕組みにより支えられているところが大きいと考えられます。

人口減少の進展にともない、需要の小さい鉄道や道路などのインフラを取捨選択せざるをえない時期が近づいていることは間違いありませんが、将来の飯の種を生む宝をみすみす失うことのないよう、地域の知恵を結集することが望まれます。

なお、本書執筆時、新型コロナウイルスの感染の広がりにより、わが国の観光地は、にわかに来訪者の激減に見舞われています。ただし、こうした災いは一時的なものであると考えられ、観光が地域振興の有効な手段であることは、今後とも変わらないと見ています。

地方に金をばらまいて若者を移動させるのは無意味

大局的に見て、若い世代が働く場所や暮らす場所を決める要因は、どれだけ高い所得が望めるのか、あるいは望む仕事や人生が手に入る可能性があるのかといった、将来への期待によるところが大きいと考えられます。中でも所得は重要な要素であり、本書ではそれを生産性という言葉でくくっているわけです。

現時点では、若い世代のそうした期待に応えられる都市としては東京が筆頭であり、近年では、地方の雄として福岡市も多くの若者を集めています。関西圏では、このところ大阪市が、スタートアップ支援などさまざまな取り組みの成果も出始め、求心力が高まっているようです。反対に、同じ関西でも神戸市は近年転出超過に転じ、それが定着しそうな流れです。

また、北海道全体では転出超過ですが、札幌市だけは長期にわたり大幅な転入超過の状態にあります。北海道の特徴としては、道内の他市町村からの札幌市への人口移動が顕著で、札幌都市圏の人口比重が急速に高まっています。

厳しいのが福岡県北九州市です。北九州市は、戦後復興を支えた鉄鋼や石炭を主力とする重厚長大産業の中心的な都市でしたが、その後の産業構造の転換や産業拠点の分散政策などの影響をまともに受け、１９６５年以降、東日本大震災のあった２０１１年を除き、ずっと転出超過の状況が続いています[5-5]。

地方創生戦略では、人口の一極集中を回避し、東京の転入超過をゼロにする目標を立ててここまでやってきました。２０２０年からスタートする第2期地方創生戦略でもこの方針は堅持されることになりましたが、そもそも筆者には、東京への人口流入をゼロにしなければならないという鎖国的な発想がどうにも理解できません。

例えば、地方に多額の補助金や公共事業費をばらまくような政策をとれば、東京の転入超過をある程度抑えられることはわかっています。しかし、その投入金額に見合う効果が得られるかは不透明です。

バブル崩壊後に東京圏は転入超過が一時的にマイナス、すなわち転出超過になりましたが、これは、このとき実施された景気対策の影響が大きかったと考えられます。１９９０年代半ばの公共事業費は現在の倍額に達し、それが主に地方で執行されました。景気悪化により東京の大企業が新規採用を絞ったこともあり、景気が比較的堅調に推移した地方に若い世代が流れたのです。

今のところ、東京を中心にわが国の景気は堅調で、こうした極端な経済政策を必要とするような状況には至っておらず、東京への流入抑止の実現可能性は低いと考えられます。また、もし景気が悪化し、景気対策としての公共事業費を現在よりも大幅に増やすことが必要になっても、それにより生じる人口流動の反転はおそらく一時的なものに終わるでしょう。景気が再び堅調に戻れば、人はまた大都市を目指すようになるのです。

そして何より、東京圏の転入超過をゼロにすることができたとして、その場合、若者が向かう先はいったいどこになるのでしょうか。過疎地域にとどまることはほとんど期待できず、おそらくは地方の中核的な都市に集中することになるでしょう。札幌や仙台、名古屋、大阪、福岡をはじめ県庁所在地で、生産性の低い仕事を分け合うか、補助金によってつくり出された仕事に就くようになるのです。これは、わが国の生産性を減じ、経済成長力をそぐことにほかなりません。

重要なことは、東京への人口集中を力づくで抑えるのではなく、全国の県庁所在地クラスの都市が、おのおの強みを生かした産業振興などによって生産性を高めることです。その結果として、地方に向けた自然な人口移動が生じるのではないでしょうか。

幸いなことに、現時点では地方は東京に比べて生産性の伸び、すなわち1人当たりの経済成長率では引けをとりません。各地に点在する経済成長の芽を育て、地域の発展につなげていけばいいのです。間違っても、産業戦略のともなわない、仕事を分け合うような移住促進策に陥ってはならないということです。

自然な集落の消滅を許容する

東京のほか、各地の県庁所在地やそれに準ずる比較的大きな都市など、経済的な集積のある地域に若い世代が流入するのは自然なことですが、その反動として、地方の過疎地域に、いわゆる限界集落と呼ばれるようなエリアが生じることは避けられません。こうした集落の一部は、いつかは誰も住まない無住地区になるものと考えられます。

中山間地域に点在する無数の集落は、まさにわが国の歴史そのものであり、急速に失われることに心情的な辛さを感じないわけではありません。登山道を歩けば、人里から遠く離れた山奥に石積みなど昔の人の暮らしの痕跡を見つけることがあります。今となっては人を寄せつけないようないわくつきの富士の樹海の中ですら、炭焼き窯の跡など人の暮らしの痕跡を見ることができます。クルマのない時代、人はいくつもの峠を越えた先の山深い集落で、急斜面に張りつくように家を建て、養蚕や炭焼きのほか、薬草を収穫しヒエやアワを栽培して暮らしをつないできたのです。

しかし、こうした暮らしも、１９６０年代の産業構造の転換や、薪や炭から石炭、石油へのエネルギー転換を受け、終わりを告げることになります。もちろんすべてではありませんが、多くの場合、彼らは自ら山を下りてきたのです。

石川県白山市の白峰は、日本海にそそぐ手取川を霊峰白山に向かって遡っていくと、一番奥の深い谷の縁にひっそりとたたずむ集落です。良質な温泉が湧き出し、白山への修験道・登山道も通っていることから、古くから人通りの絶えない、地域としてはかなり大きな集落でした。そうした歴史の証しとして、集落には古い立派な家屋が無数に残っており、地域全体が重要伝統的建造物群保存地区に指定されています。

今でこそ、白峰集落は一番山奥に位置しています。しかし、この集落は〝本村〟と呼ばれ、昔はここを拠点に多くの人たちがさらに山奥へと散っていき、各地で〝出作り〟に励んだという話を地域の古老に聞きました。出作りとは、本村から離れ、夏の間だけ、人によっては一年中山奥に入り、焼き畑によってヒエやアワをつくり、炭を焼き、養蚕により生計を立てる暮らし方です。家族で山に入るため、子どもの数も多く、教育機関として出作り世帯の子弟向けに山間部に分校が設けられたと言います。豪雪地帯であるため冬季に通学ができなくなると、子どもたちは親元から離れ学校に泊まり込み、教師と寝食を共にしたという話です。

そうした白峰の暮らしも、エネルギー転換が進んだ1960年代から変わり始め、多くが出作りを放棄して自ら山を下り、ついには白峰が一番山奥の集落となって現代に至るのです。出作りをしていた世帯は、本村である白峰に戻ったほか、より大きな都市に移っていったことがわかっています。5-6

産業構造などの転換が進むことによって、人は暮らしの場を大きく変えてきました。高度成長期には、多くの若者が東京など大都市に向けて移動していきました。歴史ある集落や人の暮らしは、伝統として大切に残していくことが望ましいとは思いますが、ノスタルジーだけで集落を維持していくことは難しいと考えられます。とりわけ人口減少の時代には、生産性の向上を促すための自然な人口移動は尊重されるべきです。

わが国の中山間地域の暮らしを伝え残してきた白峰集落を本村とする出作り文化の明治以降の様子については、かなり詳しく学術的な調査が入っています。残念ながら、今後、全国各地で数多くの歴史ある集落が失われていくことになりますが、そこに確かな人の暮らしがあったことを、研究や伝承によって後世に引き継いでいくことが望まれます。

経団連役員の同質性に象徴される問題

世界の大都市としのぎを削る東京という都市は、わが国経済を牽引する存在でなければなりません。しかし、現実には第３章で示した通り、東京圏は地方圏よりも低成長となっており、とりわけＴＦＰの伸びが低い状況にあります。１人当たりの県内総生産の伸び率（年率）を見ると、２０１０～２０１６年に限っては、東京圏が０・57％、地方圏が１・21％でした。

東京圏はサービス業中心の産業構造であり、しかも東京で得られた税収の一部を地方交付税交付金や公共事業費として地方に分配していることに、低成長の理由を見出すことができるかもしれません。しかし、多くの若い世代を引き寄せる力を持ち、わが国の成長拠点にほかならない東京には、やはりより力強い経済成長や都市としての発展が求められています。

東京を筆頭に、わが国経済を牽引すべきいくつかの国内の大都市は、急速に進むイノベーションを世界のどの国よりも早く取り入れ、世界標準となるビジネスモデル[5-7]を打ち立てていくことが求められているはずです。しかし、わが国の大企業は、ＧＡＦＡや中国系の新興企業が打ち出すプラットフォーム戦略に、明らかに後れを取っています。このまま有効な手立てを打てずにいれば、早晩、国内マーケットは海外発のプラットフォーマーたちの草刈り場となってしまうことでしょう。

ただここでは、21世紀型の成長戦略とも言えるイノベーションを基盤とする経済成長モデルに関する技術的な議論をする代わりに、そうした成長モデルに不可欠な多様な人材が活躍できる社会について考えてみたいと思います。

東京の場合、ほかの地方自治体のように必死になって移住促進政策に取り組まなくても、高い所得や多様な雇用が期待できるという好条件にあり、多くの若者が自然と流入してきます。しかし、戦後75年にわたり形づくられてきた社会の枠組みは、若い世代の力を十分に引き出す形になっているとは言いがたい状況にあります。残念ながら、筆者自身を含め、上の世代が社会の変化を押しとどめる重石として機能しているようにも感じられるのです。

２０１８年6月、「日本経済新聞電子版」に興味深い論考が掲載されました。それは、大企業などによって構成されるわが国最大の経済団体、一般社団法人日本経済団体連合会（以後、経団連）に関するもので、「経団連、この恐るべき同質集団」という見出しの記事です。[5-8]経団連の19名の役員（会長及び副会長）には、大企業の経営者が名を連ね、それぞれの出自は異なるものの、経歴を見ると彼らの同質性が極めて高いという内容でした。

具体的には、役員19名はすべて62歳以上の日本人男性であり、起業家は１人もいません。また、全員が転職経験のない生え抜き社員であり、出身大学は東京大学が12名、そのほかも有名国立大学が５名と慶應義塾大学と早稲田大学が各１名となっているということです。

この経団連役員の同質性は、決して意図されたものではないでしょう。おそらくは、わが国の歴史ある有力企業の経営層の人員構成をそのまま映しているものと考えられます。もちろん、各役員が一流の経済人であることに異論はありません。また、わが国最大の経済団体に見られるこうした同質性が、戦後わが国の経済発展に大きく貢献してきたことも確かでしょう。

終戦後の荒廃からの復興を目指し、重厚長大産業への重点投資による傾斜生産方式の時代に始まり、１９９０年代半ばの金融ビッグバンまでの護送船団的な産業政策は、落伍者も突出する者も許さない、よく言えば官民一体、あえて厳しい言葉で表現すれば挙国一致という言葉を連想させるものでした。こうした比較的順調な右肩上がりの時代には、同質であることが強みとなってわが国経済を牽引できたのかもしれません。

しかし、組織が同質であることは、ダイバーシティ（多様性）こそが社会変化を牽引し、それが経済成長をもたらすことが半ば常識となった現代における産業界の先導役として、適切な形であるとは言い切れません。気がつけば、わが国のマーケットはＧＡＦＡと呼ばれる外資の新興企業群に席巻され、一時は世界に誇る技術立国の象徴であった電気・電子産業のいくつかの企業は外資によって買収されました。最近では、政府の情報基盤システムのクラウド化を受注するのが、ＧＡＦＡの1つ、アマゾンのグループ企業になるというニュースに注目が集まりました。また、ニセコなどスキーリゾートにおける不動産取引の主役も外資です。金融業界にもＩＴ企業が参入し、成長の拠り所として多くの国民がＡＩやＩoＴといったイノベーションに期待をかけています。

こうした社会の変化をもたらす外資やスタートアップのリーダーには、ネクタイなどしたこともないような若者が名を連ねていることもあります。わが国は、好むと好まざるとにかかわらず、大きな社会の変化にさらされているのです。それゆえ、産業界の意見を代表するとともに政策提言などシンクタンク機能も担っている経団連の役員には、多様性を重視した布陣が求められているのではないでしょうか。

奇しくも、本書を執筆中、フィンランドの首相に34歳で国会議員歴4年の女性、サンナ・マリン氏が就任しました。報道によれば、彼女は母親とその女性パートナーというカップル（彼女の言によれば、虹の家族）のもとで育ち、現在1児の母です。[5-9] 就任時、フランスの通信社の取材に対し「自身の年齢や性別について考えたことはなく、自らが政治を志し、選挙民の信託を獲得した理由について考えている」と語っています。

また、海峡を挟んで向かい合う隣国エストニアの閣僚が、高校卒業後レジ係として働いた経歴を持つマリン氏を「売り子」と呼び、その国政運営の手腕に疑問を投げかけました。これに対しマリン氏は、「たとえ貧しくても学ぶことで目標を達成することができ、レジ係も首相になることができるフィンランドを誇りに思う」と返したと言います。[5-10]

多様な人材の能力を生かし、新しいテクノロジーを社会に実装していく上で、わが国の官民リーダー層の同質性が極めて高いことは、障害にこそなれ、利点となることはもう期待できないのではないでしょうか。まして、多くの若い世代が低賃金で〝浪費〟され、社会に分断が生じている状況からの脱却を図り、すべての人材がそれぞれの能力をいかんなく発揮することでわが国に経済成長や発展をもたらすためには、リーダー層にこそ多様性が求められているのです。

名門企業の代表者が持ち回りで名を連ねる経団連のような仕組みは、依然としてわが国のあらゆるリーダー層で見られます。もちろん、どんなリーダーであろうと、組織が積極的に変化を受け入れていくことができれば問題はありません。しかし多くの場合、旧態依然とした組織が自ら変わることを拒むばかりか、抵抗勢力として社会の変化を押しとどめているように感じられます。変化を肯定的にとらえられないリーダーでは、課題山積のわが国の社会や政治、企業経営の現状を大きく変えていくことは難しいと考えられます。社会の変化を促すためには、リーダー層こそ率先して多様性を具現化していくことが求められると考えています。

若者や女性の力を地方の発展に生かす

多少スケールダウンした話ではありますが、地方では、若い世代や女性の力を地域の発展に生かしている取り組みが動き始めています。

島根県江津市で活動するＮＰＯ法人てごねっと石見は、創業支援、産業人材の育成や誘致、若年層に対するキャリア教育、中心市街地活性化などをサポートする組織として２０１１年に設立されました。この組織の特徴は、活動の主役はあくまで若い世代であるということです。創設時、産業人として海外赴任の経験を持ち、地域にも幅広いネットワークを持つ横田学氏が理事長に就任したものの、その頃から活動の中心はあくまで若い世代とし、年配者は後方支援、あるいは裏方として課題解決に尽力する方針を徹底してきました。具体的には、年配者は地元有力者とのネットワークの構築や金策など、どちらかと言えば泥臭い仕事に徹したということです。

現在、理事長は若い藤田貴子氏に代わり、組織としての若返りも進んでいます。もちろん理事などとして年配者も名を連ねていますが、若者中心の活動スタンスは変わっていません。

また、同じ島根県の雲南市で活動するＮＰＯ法人おっちラボは、地域の課題をビジネスに取り込み解決を目指す起業家などへの支援に力を入れています。筆者がおっちラボを訪れたときには、市内に出店するすべての金融機関と日本政策金融公庫の各支店長を集め、地域での創業にいかにマネーを供給するかということについて議論していました。この議論を仕切っていたのが、おっちラボの若い代表理事である小俣健三郎氏です。このときの会議では、各金融機関の支店長らが若い小俣氏を尊重し、NPOと金融機関に対等な関係が構築されていることがわかりました。

中国地方は、〝過疎〟という言葉の発祥地であるとされ、早い時期から人口流出に悩まされてきた地域でしたが、そうした状況に少しずつ歯止めがかかり、移住・定住や創業にチャレンジする若い世代が出始めています。その背景には、若いという理由だけで合意形成から排除されることなく、積極的に彼らの新しい力を社会の発展に生かしていこうとする地域社会の発想の転換があったことを見逃すべきではありません。

少子化が進むわが国では、意図的に若い世代の言動に目を向けていかなければ、いつまでたっても彼らは少数派を脱することができず、社会のひずみを押しつけられる世代となってしまいます。わが国経済を牽引する東京こそ、積極的に多様性を受け入れ、若い力、女性の力、外国人の力を成長の起爆剤にしていかなければなりません。そのためにも、官民各界のリーダー層こそ、多様性を体現する人員構成に変わっていくべきではないでしょうか。

【注】

5－1　日経ＢＰ、日本経済新聞社「47都道府県キャッシュレス決済普及率ランキング２０１９」。調査期間は２０１８年10月25～30日。

5－2　藤波匠「今後のインフラ投資の在り方を考える～ばらまきから『成長の核』への質的転換～」ＪＲＩレビュー２０１３ Vol.５ No.６。

5－3　藤波匠「イノベーションによる地方都市の持続性向上―『東京一極集中説』と『地方消滅』に惑わされない地方再生―」ＪＲＩレビュー ２０１５ Vol.６ No.25。

国土交通省の「全国都市交通特性調査」をもとに計算したところ、地方都市圏では、１９８７年と２０１０年の比較で、44歳以下の層では１日当たりの自動車によるトリップ（目的を持って、人がある地点から他の地点へ移動すること）数が６割程度にまで減少している一方で、65歳以上の高齢者では増加していた。

5－4　藤波匠「今後のインフラ投資の在り方を考える～ばらまきから『成長の核』への質的転換～」ＪＲＩレビュー２０１３ Vol.５ No.６。

5－5　２０１１年は、東日本大震災の影響を受け、被災地から他地域に移動する人が多く、被災地以外の各地の転入超過数を押し上げた。

5－6　岩田憲二「白峰村大道谷地区における出作り分布の変遷について」１９８７年　石川県白山自然保護センター研究報告 No.14。

5－7　GAFAとは、アメリカ発のグーグル、アップル、フェイスブック、アマゾンの4社を指す。4社は、ITを活用したサービスを提供する世界的事業者であり、いわゆるプラットフォーマーと呼ばれる。

5－8　日本経済新聞電子版「経団連、この恐るべき同質集団」編集委員・西條都夫　2018年6月21日付。なお、同年6月18日の「日本経済新聞」朝刊5面に、同じ西條氏による類似の「変わる経団連、変われぬ経団連－人材の多様化足踏み（経営の視点）」がある。

5－9　BBC "Finnish minister Sanna Marin, 34, to become world's youngest PM"　2019年12月9日。

5－10　CNN "From cashier to world's youngest PM. Finland's new leader breaks the mold"　2019年12月23日。

第　6　章

若い世代にとって
より良い社会を
築くために

就職氷河期世代は140万円も年収が低い

日本という国がより良い国になっていくということは、どういうことなのでしょうか。筆者は、独りよがりかもしれませんが、たとえわずかずつであっても、前世代よりも次世代のほうが豊かに、そして自らの夢や希望がかなえられやすい社会環境を築いていくということだと信じています。そうした基準に照らしたとき、わが国の実態はどのような状況にあるのでしょうか。

「団塊ジュニア」を筆頭とする「就職氷河期世代」が見舞われている苦境については、第3章でも触れましたが、彼らが得ている賃金についてもう少し詳しく見ておきましょう。

団塊ジュニアを含め、現在50歳より若い世代では、生涯所得がそれより上の世代よりも低い水準となることが見込まれます。図表6－1は、生まれた年代別に、各年齢での男性正社員の実質年収を示したものです。1968年以降に生まれた世代は、1967年以前に生まれた世代に比べ、35歳以上で明らかに年収が低下していることがわかります。団塊ジュニアが多く含まれる1973～1977年生まれの世代は、1963～1967年生まれの世代

図表6-1　男性正社員、出生年別、各年齢階級における実質年間賃金

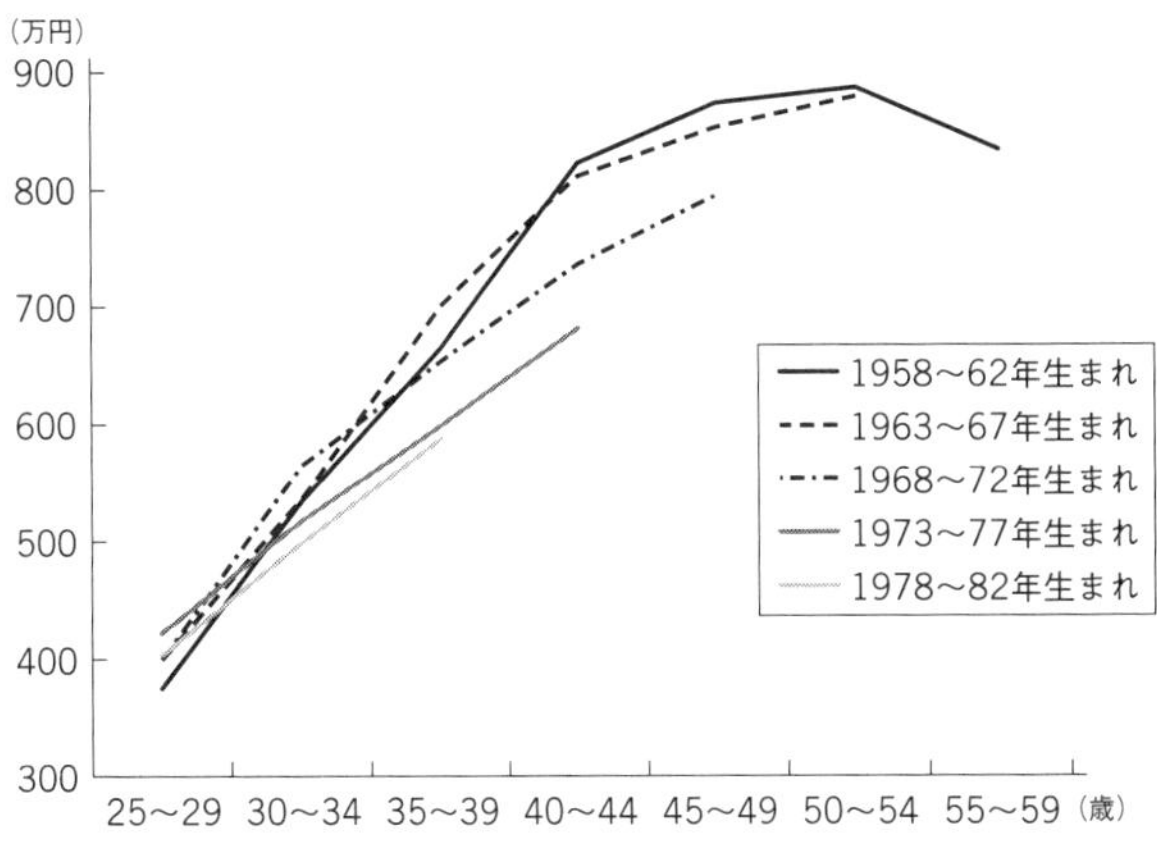

(注) 年間実質賃金は、2015年基準
(出典) 厚生労働省「賃金構造基本統計調査」

に比べ、40歳代前半で実質年収が140万円も低い水準にとどまっているのです。こうした事実は、しばしば若い世代の収入が伸びていないなどとあいまいな表現で語られますが、ここでは明快に言い切りましょう。わが国では、若い世代ほど〝貧しく〟なっているのです。顕著な世代間格差が生じていると言ってよいでしょう。

図表6―1は男性正社員のデータですが、団塊ジュニアより若い世代では非正規社員の割合も高まっているため、非正規社員まで含めて各世代の年収を平均すると、格差はさらに広がることが確実で

す。非正規社員の年収は30歳以降増えなくなり、35～39歳では正社員の6割程度の水準にとどまります。さらに年齢が上がるに従い、正社員との格差はいっそう顕著になります。就職氷河期世代は、世代間格差のみならず、世代内格差にもさらされているのです。

「団塊の世代」はいわゆる逃げ切り世代とされていますが、その下の世代は、若くなるに従い生涯所得のみならず、社会保障の恩恵も得られにくくなることが半ば所与のこととして語られています。就職氷河期世代の厳しい所得環境に対し、政府もようやく対応に乗り出したところです。

こうした所得環境のほか、悪く言えば、国際的にわが国自体が豊かな国から普通の国に没落しつつあることも、若い世代を取り巻く環境の悪化を後押ししています。経済成長率の低下とともに、円安の影響も相まって、諸外国の物価の上昇にわが国だけが取り残されている状況にあります。わが国が相対的に貧しくなりつつあることで、若い世代の活躍の場が急速に狭まっていると言ったら言いすぎでしょうか。

アメリカへの留学が中国の20分の1である理由

一昔前よく言われたのが、最近の若者は内向的となり、留学など海外でチャレンジする意欲が失われつつあるという意見です。確かに、海外に留学する日本人の数は減少傾向にあります。文部科学省の資料[6-1]によれば、２００９年に8万人を超えていた日本人の海外留学生数は、その後減少傾向となり、２００８年以降6万人前後で推移しています。

しかし、日本人留学生減少の理由を若い世代のチャレンジ精神の喪失に帰着させていては、事態は一向に解決しません。留学生減少の一因に、わが国経済の地盤沈下の影響があることは明白です。とりわけアメリカでは、留学生に求められる金銭的負担が極めて大きく、有名大学の場合、授業料だけで年間5万ドルに及ぶこともあり、希望者にとっては高根の花です。

２０１８／２０１９年度、わが国からアメリカに留学している学生の数はおよそ1万８０００人でした[6-2]。同時期、東アジア各国からアメリカへの留学生数は、韓国が5万２０００人、台湾が2万３０００人、中国が37万人と、いずれもわが国を上回っています。

中国に至っては、わが国の20倍に達しています。人口がわが国の10倍以上あることを思えば、それほど違和感はないとの見方も可能ですが、平均的な所得水準の差異を加味すれば驚異的とも言えます。わが国に自然科学系のノーベル賞受賞者が多いことは喜ばしいことですが、これは高度成長期から1980年代くらいまでのわが国経済が強かったときの遺産にすぎないというのは、よく聞かれる話です。

また、若い世代の所得環境の悪化や生活の不安定さが、婚姻率の低下、ひいては低出生率につながっているとの指摘も見逃すことはできません。若い世代の将来不安は深刻で、特に彼らの世代間格差に対する不満は真剣に受け止めなければいけないレベルです。本書の冒頭で取り上げた、出生数減少を伝えるニュースへの若い世代の「わが国の現状は子どもを生み育てられる環境にはない」というツイートには、切実な心情の吐露が見てとれます。

社会の安定やわが国経済を支えるためという独善的な理由で出産を強要すべきだとは思いませんが、人口が日本という国を支える上で最も重要な要素であるという事実は揺るぎません。わが国は、若い世代の将来不安を解消し、彼らが普通に夢や希望をかなえることができる社会を目指していくことが望まれているのです。

わが国が豊かな国であり続け、かつ過度に経済的格差が広がることのない社会を築くためには、生産性向上という大命題が立ちはだかります。筆者を含むすべての年配者には、その命題の解決を図りつつ、若い世代に経済的恩恵を与えることで世代内格差や世代間格差の解消に努め、彼らが希望や夢に向かってチャレンジしやすい環境をつくることが求められているのです。

以下では、若い世代が経済的恩恵を得られていると感じることができ、子を生み育てることに肯定的でいられる環境をつくるための社会的な仕組みや公的資金の使途について、個別に考えていきたいと思います。

ただ、一つひとつの項目は、それだけで本が幾冊も出るほど議論が入り組んだ状態にあり、そのすべてについて深い議論を行い、この場で決着を図ることはとうていできません。そこで、ここでは若い世代に対する配慮の観点からのみ考察を加え、筆者の考え方を示しておくにとどめたいと思います。

現役世代への社会保障給付が少なすぎる

ここで、わが国の社会保障制度に対する筆者の考え方の一端を示しておきます。高齢化の進展にともなう社会保障費の増大については、わが国最大の課題と見る向きもありますが、筆者は必ずしもその考え方に同意するものではありません。介護や医療は、産業としてすでにわが国経済の大きな割合を占めており、一律に切り詰められるような単純な話であるとは思えないからです。

また、社会保障制度について議論する際には、わが国の社会保障関連の支出が、主要先進国の中では、決して多いわけではないということも忘れてはいけません。図表6－2は、GDPに占める社会支出の割合を国別に示しています。社会支出は、OECD（経済協力開発機構）による定義であり、いわゆる社会保障費に関連する施設整備費を加えた概念です。

図表から、わが国の社会支出は、欧州各国に比べれば少ないくらいであることがわかります。GDPに対する社会支出の割合が小さいにもかかわらず、制度の持続性が揺らいでいるのであれば、経済規模に対して十分な税収や保険料収入が得られていないということになり

図表6-2　各国社会支出（OECD基準）の対GDP比

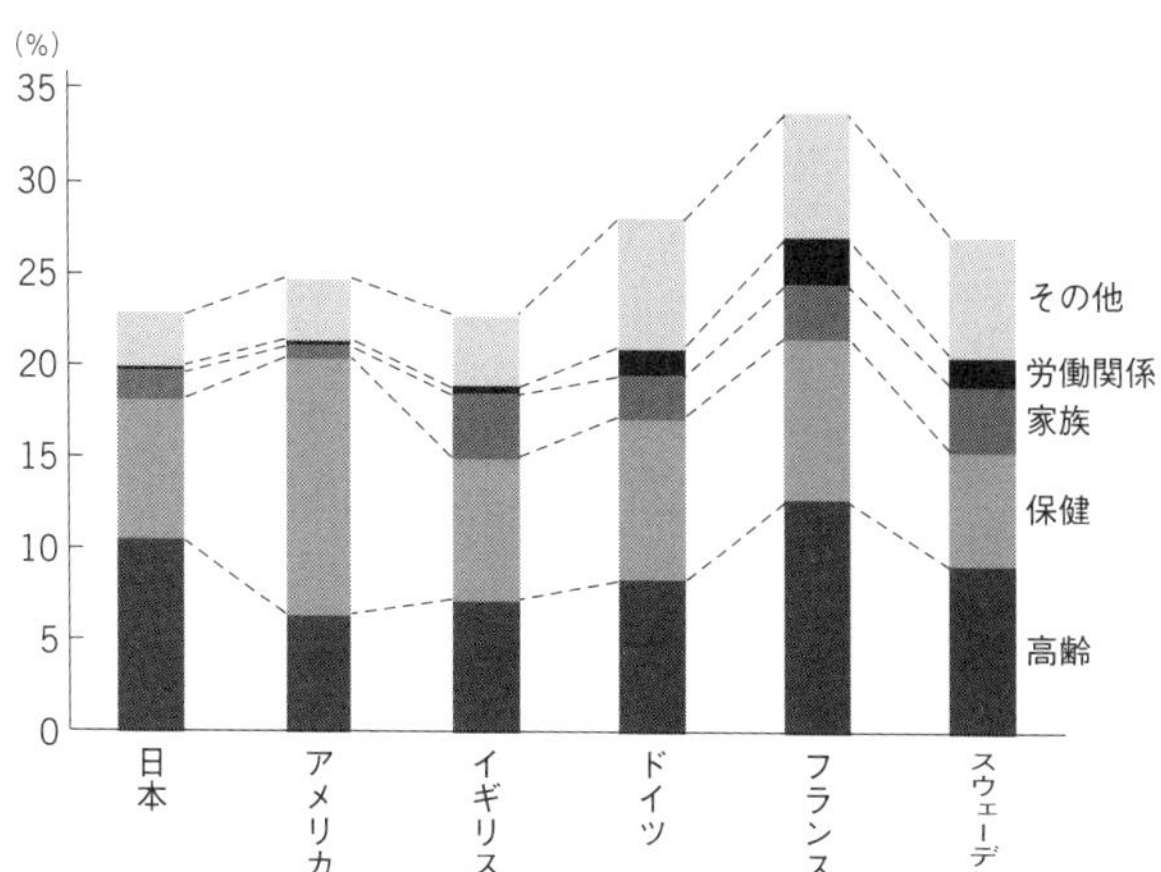

（注）アメリカで「保健」が大きくなっているのは、いわゆるオバマケアの影響。各分類は、それぞれ以下の項目を含む。「高齢」：年金、介護保険等。「保健」：医療保険、公費負担医療給付等。「家族」：児童手当等、施設等給付、育児・介護休業給付等。「労働関係」：教育訓練給付、雇用調整助成金、失業関係給付。「その他」：遺族年金等、障害関係、失業、住宅、その他

（出典）国立社会保障・人口問題研究所「平成29年度 社会保障費用統計」

ます。２０１９年に消費税の引き上げが行われましたが、社会保障制度の維持に向けたさらなる財源の強化が求められているのです。

しかし、消費税のさらなる引き上げは消費の抑制をもたらしかねないだけに、慎重にならざるをえません。また、法人税も、企業立地の問題から一律に引き上げることは難しいかもしれません。結局は、現役世代と企業の担税力を引き上げていくしかないという結論に行きつき

ます。とりわけ若い世代の負担感をこれ以上高めないためには、本書が目指す生産性の向上を図り、労働者が生み出す富を増大させ、賃金を高めていくしかないということになるのです。

現役世代の生産性向上を図るための手段の1つに社会保障制度を有効活用していく発想が必要となりますが、わが国の場合、まったく逆になっています。図表6－2から明らかな通り、現在のわが国の社会支出は、欧州各国に比べ、「家族」「労働」「その他」への支出が低く抑えられている状況にあります。すなわち、若い子育て世代、現役世代への給付が少なすぎると見ることが可能なのです。

高齢化にともない若い世代の負担感が高まっているにもかかわらず、若い世代への給付が少ないことが、社会保障制度に対する彼らの不公平感を生む土壌ともなっています。比較的景気が良く税収が上がっているこのタイミングで、若い世代への社会支出を手厚くし、彼らの富を生み出す力を引き上げていく発想が求められているのです。

子どもを生み育てられる社会をつくる2つのポイント

第1章において、若い世代が子どもを生み育てることに肯定的に向かい合う環境をつくるために、①出産・子育てが不利益とならない社会をつくる、②若い世代の所得環境を改善する、という2つの大まかなポイントを示しました。ここでは、それぞれについてもう少し詳しく考えてみたいと思います。

1点目の出産・子育てが不利益とならない社会をつくるためには、経済環境の改善以外にも取り組むべき課題があります。一例を挙げれば、子育て期間をステップアップのチャンスとする取り組みです。

依然として待機児童は解消できず、出産・子育て期間におけるキャリアや就学の断絶が見られます。とりわけ中小企業では、育休制度が整っておらず、たとえ制度が整っていたとしても、依然として職場に取得しづらい雰囲気が蔓延している場合もあるでしょう。多くの若い世代が、出産・子育てを機に働き方やキャリア形成の変更を余儀なくされ、場合によっては離職という選択をせざるをえなくなってしまうのです。また、近年、国立大学では保育所を設置する例も増えてきましたが、私立大学や専門学校では対応の遅れが見られます。多くの学生にとって、子育てをしながら学ぶことには依然として高いハードルが待ちかまえているのです。

若い世代が出産や子育ての期間にキャリアを断絶することなく、逆にスキルアップや資格取得のチャンスとできるような支援制度が整備されていれば、彼らの所得の向上のみならず、わが国にとって貴重な高度人材の確保につながると考えられます。例えば、大学に限らず、専門学校、さらには高校などに保育所や託児所を設置すれば、単純に子育て中の学生が就学を継続できるだけでなく、子育て中の社会人がリカレント教育（学び直し）を受ける場とすることもできます。出産・子育てをステップアップのチャンスにするため、学校側には、保育所などの設置とともに、育休期間中に資格や学位の取得を可能とするコースを用意することが求められ、合わせて国が就学資金を給付する官民連携を図ることが望まれます。

2点目の若い世代の所得環境を改善するというのは、極めて直接的な支援のあり方です。「理想子ども数」は年々低下し、しかも多くの夫婦がその理想の数すらあきらめてしまう背景には、とりわけ若い世代の低所得があります。

しかし、賃金の下押し圧力と財政制約がある中で若い世代の所得を引き上げるためには、高齢者が現在受けている既得権益を分け与えるという単純な分配の議論に陥りかねません。ここでは、そうした容易には答えを見出すことができないイデオロギー論争に踏み込むことはなるべく避け、経済成長を損なうことなく、税体系や社会保障を見直し、20代、30代の、とりわけ低所得層の総所得を引き上げる取り組みについて考えていきたいと思います。具体的な話は、以下の各節で説明します。

企業の税制を見直して若い世代の所得環境を改善

図表６−３に、金融業・保険業を除く企業の内部留保（法人企業統計における利益剰余金）と、勤労者１人当たりの人件費（福利厚生費を含む）の推移を示しました。内部留保は、いくつかの金融機関が経営破綻、国有化された１９９７年から１９９８年にかけてのわが国金融危機以降、急速に高まっていることがわかります。また、１９９６年まで順調に伸びてきた１人当たりの人件費も、金融危機以降伸びなくなり、横ばいから低下基調です。人件費を引き上げず企業が内部留保を積み上げるのは、金融危機の折、最も堅いと考えら

図表6-3　企業の内部留保（利益剰余金）と人件費の推移

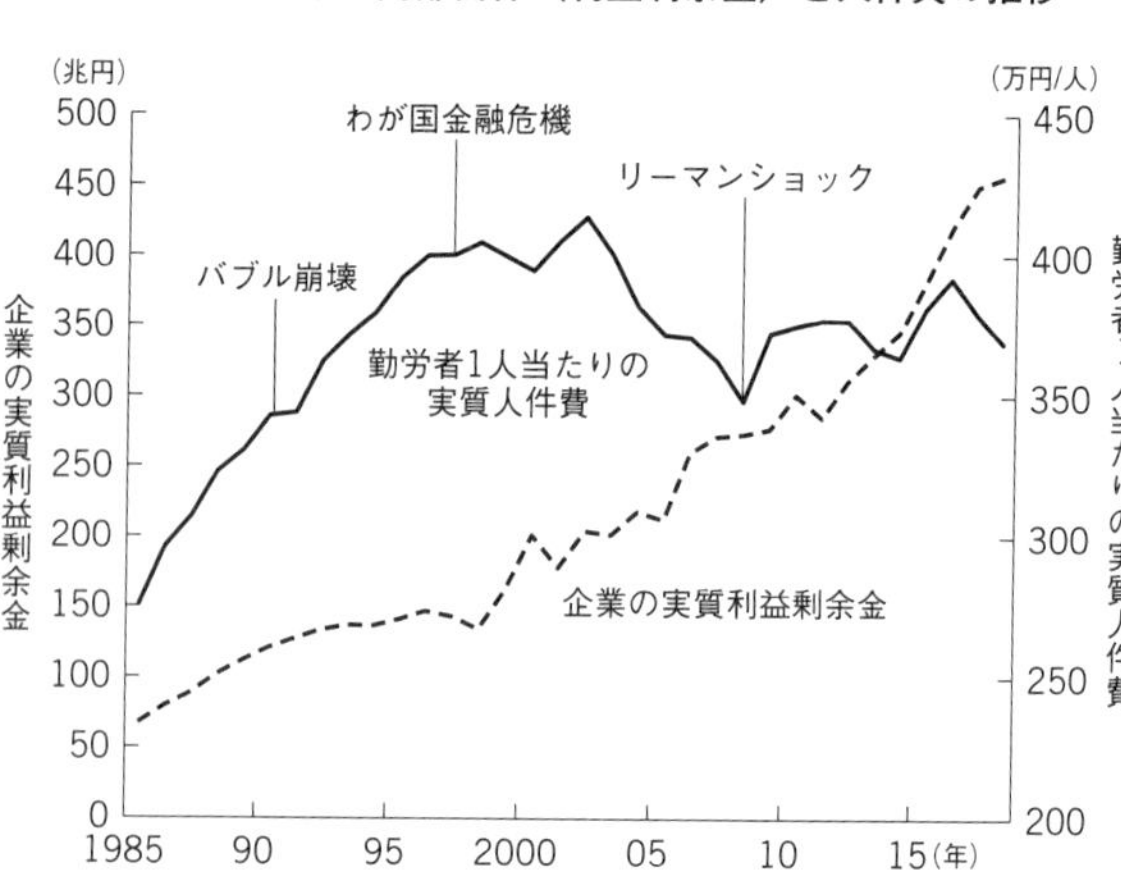

（注）利益剰余金を内部留保とする。人件費には、福利厚生費を含む。利益剰余金及び人件費は、2015年基準。金融業・保険業を除く。
（出典）財務省「法人企業統計調査」、日銀「企業物価指数」

れていた銀行が経営破綻するという衝撃的な光景を目の当たりにした経営層が、賃金上昇や投資を抑え、企業の体力を強化する方向に舵を切ったことを明快に表しています。とりわけ、企業経営に株主の利益を追求する株主資本主義という考え方が根づいてきたことの影響は大きく、企業は明確に株主の意向に沿った経営を実践するようになりました。内部留保が厚い企業は、投資家からも健全性が高いとして評価されるため、経営者の思考はますます蓄財に向かうようになっています。

しかし、企業が人件費を抑えたこと

は、若い世代の賃金の低下と、多くの非正規雇用を生む結果となりました。また、企業が内部留保を積み上げ、収益を賃金や投資などに回していない現状こそが、わが国経済を長期の停滞に引きずり込んでいるとも考えられます。合成の誤謬という言葉がありますが、現代の企業経営とわが国経済はまさにこの関係にあると言えます。

マネーは1カ所にとどめず、なるべく動かしたほうが国全体の景気が良くなり、その結果、各社の業績も好転するということは、企業経営者なら誰しも理解しているはずです。しかしながら、各社が自社の短期的な収益や株主利益を最大化しようという経営判断の末、投資や昇給が抑えられて内部留保が積み上がった結果、わが国は誰も好まないデフレや低成長に陥ってしまったのです。

単純に各社に若い世代の賃金上昇を訴えたとしても、素直に受け入れる企業はどれほどあるでしょうか。2014年、安倍晋三内閣が企業に賃金上昇を求めて〝官製春闘〟が話題となったこともありましたが、図表6－3を見る限り、その効果も限定的なものにとどまりました。2018年の勤労者1人当たりの実質年間人件費は、1998年に比べると36万円も少ない水準にあります。

政策的に内部留保を生きた金にする最も効率的な方法は、法人税としては税収中立としつつ、投資や人件費を増やした企業に対して減税を行うことであると考えられます。企業が収益を内部留保とするよりも、投資や人件費に回す判断を促す政策ですが、ここまではあまり成果はあがっていません。

政府は、これまで雇用促進税制、所得拡大促進税制、投資減税など種々の優遇策を試みてきましたが、法人税自体が減税基調だったこともあり、企業が内部留保を増やす流れを抑えることはできませんでした。ただ、２０２０年度の与党税制改正大綱において、収益が伸びているにもかかわらず設備投資に消極的な企業を対象に、税優遇の適用を厳しくすることが提言されました。

近年、制度上導入は困難とする意見はあるものの、内部留保そのものに対する課税や法人税の累進課税化など新しい考え方も出てきており、軽減一辺倒だった企業の税負担に関し、見直しの機運が生じています。

アメとムチを使い分けながら、企業が積極的に投資を行い、高度人材を確保するために高い賃金を支払う流れをつくっていくことが望まれます。収益の出た企業が、賃金か投資に資金を回すまっとうな経済社会の構築に向け、法人税制のあり方については、これからも見直しを続けていくことが必要です。

わが国の将来像として、大学や国、民間企業に付属した研究機関が技術革新を牽引し、その成果を企業が設備投資を通じて意欲的に取り入れ、少ない人数でより多くの富を生み出すような社会のイメージを国全体で共有すべきです。その結果として、賃金上昇に向けた好循環が回り出すのではないでしょうか。

折しも、これまで当たり前とされてきた株主資本主義に転機が到来しています。いわばステークホルダー資本主義とも言える、従業員から地域社会、取引先、環境問題に至るまで、企業を取り巻くすべての関係者への配慮を求める考え方が、海外のビジネスリーダーを中心に新しいムーブメントとなりつつあります。その背景には、地球温暖化をはじめとする環境問題や世界的な格差の拡大などに対する反省があります。

ステークホルダー資本主義に対するわが国経営層の反応は、鈍いとの批判もあります。しかし、元来、わが国の企業経営には、社員を家族とみなす家族経営的なスタイルが根づいていたこともあり、ステークホルダー資本主義の考え方との相溶性は高いと見ることもできます。若い世代の低賃金をわが国全体の課題として、雇用者である企業はもちろん、政府、各界のリーダー層が知恵を結集し、解決の道を模索していかなければなりません。

インフラの取捨選択は不可避

若い世代の所得環境や生活の安定性を高めることを目的とした政策に向けて振り向ける財源を確保するため、公共事業にも積極的にメスを入れなければなりません。わが国の公共事業費は、バブル崩壊後の景気対策としての支出が膨らんだ1990年代に比べると、すでにおよそ半分の規模にまで絞り込まれています。ここから極端に減らしていくことは難しいとは思いますが、人口減少時代、各事業への配分の見直しは不可欠となります。

2018年の西日本豪雨や、首都圏でも被害が出た2019年の台風15号、台風19号など、近年、各地で深刻な風水害が頻発しています。西日本豪雨では、全国で5万戸以上の住宅が損壊、浸水被害を受け、農作物、公共施設なども含む被害総額は1兆円に達しました。

昨今の風水害の増加は、地球温暖化の影響もあるとされ、国では国土強靭化に向けて治山・治水に力を入れるとしています。実際、2014年度に0・8兆円だった治山・治水の事業費は、2019年度には1・2兆円と4000億円ほど増やされています。

しかし、同期間、3兆円だった道路整備費は1兆円増えて4兆円になり、金額では治山・治水よりも伸びています。人命や国民の財産を守る治山・治水についてはしっかりと予算づけをしていくことに異論のある人は少ないと思われますが、人口減少もありコンパクトシティが求められる時代に、道路整備費が大きく増やされることについては違和感があります。

道路整備に対しては、依然として地方を中心に根強い要望があります。第5章で取り上げた廃線の可能性が取りざたされるJR留萌本線の沿線では、並走する自動車専用の深川・留萌自動車道が本書出版までには全線開通となる見通しです。地元でも新しい道路に対する期待は強く、留萌本線の存続を求める声もかき消されがちです。新しい道路ができることは、地元の方の利便性向上だけではなく、観光振興や物流を考える上でも重要となるため、おのずと地元の期待は膨らみます。

しかし、今後、新たに建設される道路の多くは、費用対効果が小さい道路であることは否めません。小泉純一郎政権時代の2003年にスタートした〝新直轄方式〟という新しい仕組みの高速道路建設が、いみじくも道路の不採算性を明らかにしてしまいました。

新直轄方式とは、道路建設に一定の費用対効果は認められるものの、民間企業である高速道路会社が自社で建設し、有料道路として供用していては採算が合わない建設予定路線について、直接国が建設・維持・管理を担って無料で開放する仕組みです。旧道路公団の分割民営化の際に出てきたアイデアであり、分割後、民間企業となった高速道路会社が、経営判断から不採算道路の建設を凍結する可能性があったため、裏技的に導入されたものです。

それまでの高速道路建設は、料金プール制という旧道路公団の収益全体の範囲内というある種の予算制約の中で合理的な検討がなされ、建設が進められてきました。そのため、収益性が見込めない道路や、建設が困難な道路は後回しにされる傾向にあったわけです。ところが、旧道路公団の分割民営化によってそうした経済合理性は排除され、採算性の低い区間は、新直轄方式として国の予算で建設が進められることになったのです。国が直接建設することから、高速道路会社が建設する路線よりも先行して整備が進められることもあり、経済合理性からかけ離れた運営がなされています。

人口減少や自然災害の増加、都市構造のあり方の見直しを踏まえ、そろそろ道路財源の予算づけや老朽インフラの廃却についてもメスを入れなければならない時代が来ています。すでに、公共事業費全体に占める新設に回すことができる資金の割合は年々少なくなっています。国土交通省は、所管の公共事業費に対する既設インフラの維持・管理及び廃却のための費用の割合が、２０４０年頃には１００％に達することを予想しています。おそらく、国土交通省以外の省庁や地方自治体が所管しているインフラも同様でしょう。

このような現状を踏まえ、進むべき方向性は３つしかありません。インフラ投資額を増やす、維持・管理にかかる費用を抑える、積極的にインフラを取捨選択しとりわけ廃却に力を入れる、の３つです。人口減少下、投資額を増やすのは容易ではなく、維持・管理のコストを抑制することは重要でしょう。３つの選択肢のうち、これからはとりわけインフラの取捨選択が重要となります。

筆者の試算では、耐用年数が来たインフラのうち半分を廃却に回したとしても、既存インフラの維持・管理費と廃却費が、早晩、公共事業費の大半を占める計算になります。[6-3] コンパクトシティの考え方に歩調を合わせ、過大なインフラを保有することのないよう老朽インフラと新設投資の取捨選択を行い、可能な限り公共事業費を抑制していくことが求められます。それにより、公的な財源に余剰を生み出し、若い世代向けの社会支出を積み増すことが期待されます。

増え続ける医療費をどう抑制するか

次に、社会保障の中で、近年最も伸びが著しい医療費の抑制について考えてみましょう。わが国の医療費は、2008年からのわずか10年間で8兆円以上増加し、およそ43兆円になりました。高齢化の進展が、医療費の増大の主たる要因であるとの指摘があります。人口減少を踏まえれば、同じ医療費が増加するにしても、高齢者向けの医療費が際限なく増えていくよりは、妊娠、出産にかかわる分野の公的支援を増やしていくほうが国民の理解が得られやすいと考えられます。

では実際、わが国の医療費の増加に対する高齢化の影響は、どの程度のものなのでしょうか。2019年、医療費の増加に関する高齢者医療、特に終末期医療の影響について、興味深い議論がありました。雑誌「文學界」（2019年1月号）における、筑波大学准教授の落合陽一氏と社会学者の古市憲寿氏が行った誌上対談です。両氏は、終末期医療や延命治療に多くの医療費が投じられているとし、とりわけ多額の医療費が投入される最後の1カ月の医療行為を医療保険の適用外にすることや、安楽死について語っています。

　これに対しては、事実認識に誤りがあることや倫理的な観点、あるいは医療現場の意見など多方面からさまざまな批判が寄せられました。当事者たちも反省を口にするなど、現時点では、一応の決着を見ています。ただ、人口減少が進む中で、医療費が際限なく上昇する現状については、本書でも見解を表明しておきたいと思います。

　そもそも、医療費が増加する理由は何なのでしょうか。落合氏らの指摘は終末期医療の影響は無視できないというものでしたが、彼らに対する批判的な主張をした専門家の意見としては、最後の1カ月は医療費が高まることもあるが、それが医療費全体に占める割合はごくわずかであるということです[6-4]。そもそも最後の1カ月を保険適用外にしようにも、その1カ月を事前に予知することは難しいという技術上の課題もあるようです。

　そこで、医療費の増加の要因を明らかにするため、わが国の過去10年間における医療費の変化について要因分解分析を行いました。ここでは、医療費の変化を、「医療の高度化要因」「高齢化要因」「人口要因」に分けました。

図表6-4　医療費上昇の要因分解と年齢別1人当たりの医療費の伸び率

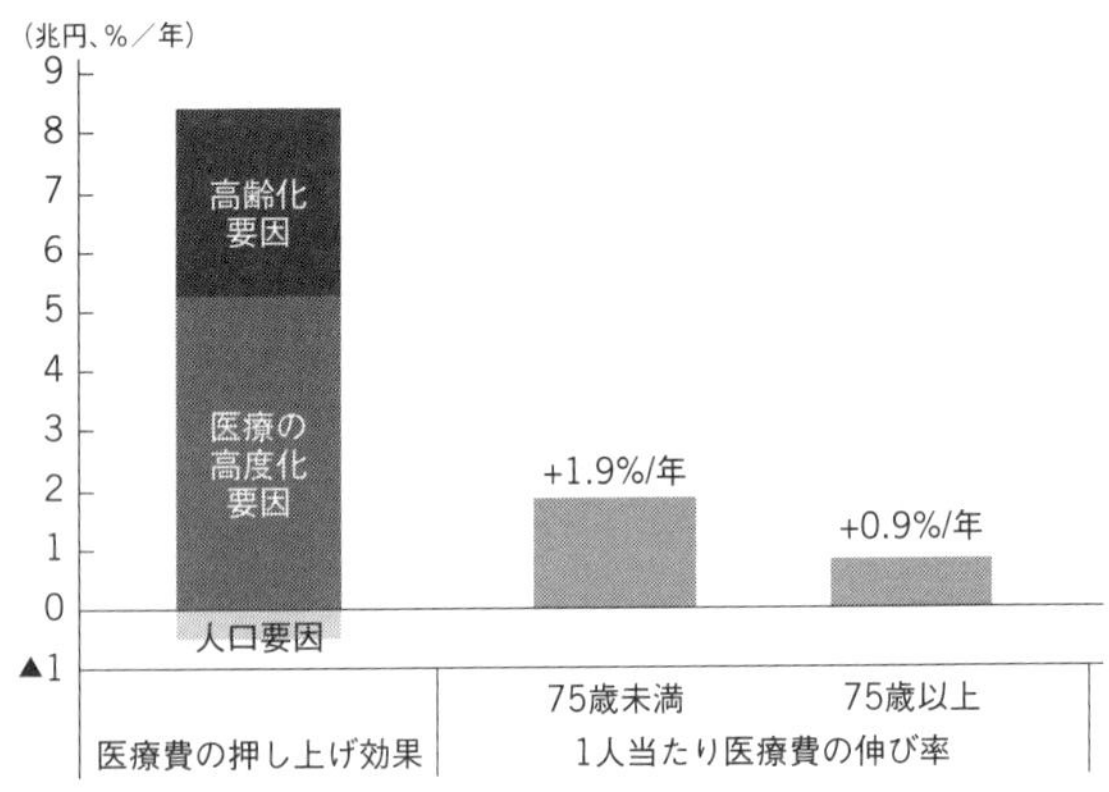

(注) 75歳以上を高齢者としている。分析期間は2008～2018年。
(出典) 厚生労働省「『医療費の動向』調査」

図表6－4の左側の棒グラフに示した通り、過去10年間で医療費はおよそ8兆円増えていますが、その増加の理由は、主に医療の高度化にあることがわかります。確かに高齢化（75歳以上を高齢者としている）の影響も無視できず、3・1兆円の押し上げ効果を示していますが、医療の高度化は5・3兆円分の押し上げ要因となっています。なお、人口要因は、人口が減少局面にあるため押し下げに寄与しています。

ここで言う医療の高度化とは、薬価の上昇や検査機器のハイテク化などを指します。医療の高度化にともなって1人当たりの医療費が上昇し、全体の医療費が押し上げられているのです。

医療の高度化を主因とする医療費の増大という分析結果に対しては、高度化による恩恵は、病院で診療を受ける機会の多い高齢者が受けているはずであるという意見が出てくるかもしれません。実際、1人当たりの医療費で見れば、75歳以上の後期高齢者は、それより若い世代よりも4倍程度の医療費がかかっています。落合氏らの対談の根底にあるのが、終末期医療に高度な機器や高価な薬が投入されているのではないかという疑念であり、多くの読者もそうした考え方を持っているかもしれません。

こうした疑念に対しては、医療関係者ではない筆者は具体的な薬価や機器使用料に関するデータを持ち合わせているわけではないため、軽率なことは言えません。ただ、図表6－4の右側の2本の棒グラフを見れば、過去10年で1人当たりの医療費の伸び率（年率）が高いのは、若い世代（75歳未満）のほうであることがわかります。すなわち、医療の高度化の恩恵をより多く受けているのは、実は若い世代なのです。一方、高齢者は頻繁に通院しているように見えますが、慢性疾患による場合が多く、いつも高度な医療を受けているわけではないということになります。

こうした事実を見れば、ことさら医療分野に世代間対立の議論を持ち込むべきではないことがわかります。２０１９年末、政府が設置した「全世代型社会保障検討会議」が中間報告を公表し、そこで高齢者の医療費窓口負担の引き上げを明記しています。75歳以上で一定の所得がある高齢者の窓口負担は、原則1割から2割に引き上げることになる見通しです。負担が軽減されている人たちの負担を引き上げれば、診療回数の削減も期待されることから、医療費は確実に抑制できます。

ここで、現役世代と同水準の3割負担とせず2割負担と上げ幅を刻んだ理由は、高齢者の反発を懸念してのことでしょう。しかし、医療費の負担割合を、年齢で刻む説得的な理由を見出すことは難しいのではないでしょうか。年齢で負担割合を決めるのではなく、単純に収入の多寡で決定されるようにすれば、医療費増大の問題が、高齢者医療の問題に矮小化されることを防ぐとともに、無意味な世代間対立の抑制につながると考えられます。[6-5]

テクノロジーで医療サービスは効率化できる

加えて、医療費を抑制できるかどうかは、国民の日々の意識次第のところもあります。私たちが店頭で商品を購入する前に情報収集を行うのと同様に、患者である私たちが医療サービスの消費者であるとの認識に立ち、可能な範囲でジェネリック薬（後発薬）を選択することや、不要な検査や治療を断れるよう知識を蓄えることも重要です。また、一個人では医療知識に限界があることから、健康保険組合の働きが重要となります。健康診断や治療に際し、統計的・疫学的な根拠にもとづき、適切な診断や施術がなされていることを健康保険組合がチェックしなければなりません。

さらに、医療の現場においてイノベーションを積極的に取り込むことで、医療費を抑制することができるはずです。前出の落合氏らの誌上対談は、終末期医療のあり方についてのコメントに批判が集まる結果となってしまいましたが、そのほかの部分で注目すべき言及がありました。

例えば、わが国が人口減少下にあることを踏まえれば、医療サービスとテクノロジーの親和性が高いことを指摘しています。寝たきりの患者の排泄は、センサーの導入で看護師がたびたびチェックする必要がなくなり、また、患者をベッドから車椅子に移し検査室へ移送する際に、ほとんど人手をかけずにサポートする技術の開発が進んでいるということです。介護施設では、介護士の労働時間の15％は車イスを押すことに割かれており、これを自動化することで作業量は大きく圧縮できるとあります。

このようなことを書くと、現場で絶えずお年寄りと対峙している介護士や看護師からは、「介護というものは人と人の心のふれあいが大切」というお叱りを受けそうですが、そうした精神的呪縛が自らの疲弊と人手不足を招いているとも言えます。疲弊と余裕のなさが、心のふれあいに最も重要な〝笑顔〟を現場担当者から失わせているかもしれません。

人手不足と言いながら、労働者を確保するために適正な賃金を提示できない企業や産業は、人口減少時代のビジネスモデルとしてすでに破綻していると考えられます。これは、医療や介護以外の産業に対しても同じことが言えます。現場の創意工夫や努力だけでなく、行政も含め、わが国全体で知恵を出し合っていかなければならない課題です。

第1章で述べましたが、「多数の高齢者を少数の若者が支えるというステレオタイプのイメージではなく、パワードスーツを着た若者が1人で軽々と複数の高齢者を持ち上げている未来像」を目指すことが、医療や介護サービスの持続性向上につながるのです。しかもそうしたサービス業におけるイノベーションの導入こそが、わが国に経済成長をもたらし、多くの若者の暮らしをも充実させることになるのです。

外国人に選ばれる国になる

　これから人口減少に向かうわが国が、人口減少を逆手に取った戦略で生産性を高めていくとはいっても、今後も一定の労働力が必要であることに変わりはありません。その労働力供給の一端を支えるのが外国人労働者です。わが国が経済成長することによって一定数の外国人が流入し、彼らがさらなる経済成長をもたらすという好循環を生み出す社会にならなければなりません。そのためには、多様な文化を受け入れる社会を構築し、外国人から選ばれる国になることが不可欠です。

　例えば、現在は、各地方自治体や場合によっては地域の住民ボランティアなどに丸投げされている外国人に対する日本語教育を、国や県の事業としてシステム化することが求められます。日本語が不自由な外国人に対し、一定期間、無償で日本語教育を提供するなど、長期にわたってわが国で暮らすことを前提とした支援体制を構築すべきでしょう。

　また、静岡県浜松市のように、生活ルールの周知徹底から通訳の配置、日本語教育など、

30年間に及ぶ自治体や自治会による取り組みを積み重ね、多文化共生の先進地となった経験やノウハウを、他地域においても生かしていく発想が必要です。これまで外国人が少なかった地域において受け入れ態勢を整えるために、先進地域の経験やノウハウの移植を念頭に、国が自治体間の人材交流や専門家の派遣を主導することも求められます。

さらに、外国人の人権を守り、医療・教育など諸制度に容易にアクセスしうる仕組みを整えることで、長期にわたり豊かさを享受できる社会をつくることも大切です。これまで、わが国の外国人労働者政策は長期滞在を認めないことを原則としてきました。そのため、「外国人技能実習制度」のように、せっかく技能の習熟度が高まってきた実習生がわずか5年で帰国してしまい、また何の技能も持たない新人が配属されてくるという、外国人の立場に立てば人権を軽視した、受け入れる企業から見れば極めて生産性が低い人事制度を押しつけられてきたのです。

2019年に導入された「特定技能」では、滞在期間の長期化と家族の帯同を想定するなど、わが国の外国人労働者政策も少しずつ人権に配慮するようになり、また、長期就業・長期滞在を前提とした形になってきました。加えて、外国人がわが国で長期間暮らす場合、収入源さえ確保されればよいということではなく、医療や子弟の教育など日本人と同様の行政サービスを享受できる体制を整えなければなりません。

一例を挙げれば、子弟が就学年齢に達した際に、小学校に入学する機会を逸することのないよう保護者に対して周知徹底することなどは、最低限のことであるという認識が必要です。この場合、通常は学齢簿、近年では住民基本台帳の情報にもとづいて就学案内が発行されることになりますが、ときにそれだけでは子どもの存在を把握しきれない場合もありま す。地方自治体は、地域の外国人コミュニティや医療機関などと連携し、就学年齢に達した子弟の把握にいっそう力を入れることが求められます。

若年層の失業率が高く、外国人排斥を訴える政治勢力が台頭するEU諸国では、自国民の経済的不遇の責任を外国人に転嫁し、意図的に社会の分断がつくり出されようとしています。今後、確実に人手不足が進むわが国は、そうした社会的分断の必要性がないどころか、積極的に外国人を経済の支え手として取り込んでいかなければならなくなるでしょう。

外国人が豊かに、安心して暮らせる社会を形づくることが、わが国に暮らすすべての人に豊かさをもたらすという発想で、社会の仕組みを整えていくことが求められているのではないでしょうか。

【注】

6―1　文部科学省「『外国人留学生在籍状況調査』及び『日本人の海外留学者数』等について」2019年1月18日。

6―2　アメリカ国際教育研究所のデータによる。

6―3　藤波匠「今後のインフラ投資の在り方を考える～ばらまきから『成長の核』への質的転換～」JRIレビュー2013 Vol.5 No.6。

6―4　2019年1月4日、「Yahoo! JAPAN」に掲載された医療翻訳家の市川衛氏の意見「『死ぬ前1か月の医療費さえ削ればよい』落合陽一氏×古市憲寿氏対談で見えた終末期医療の議論の難しさ」。

6―5　本来であれば、資産額まで含めた形で負担割合が決められるほうが望ましいが、技術的に難しいと考えられる。

おわりに

場当たり的な工事で壊された景観

関心のない読者にとっては退屈な話かもしれませんが、本書を締めくくるにあたり、少しだけ都市景観の話を書かせてください。

通勤途上、毎日のように通る歩道は、もともとインターロッキングで美しいレンガ調に舗装されていました。ところがある日、新しいビルに引き込む水道管の工事が始まり、インターロッキングがはがされると、工事終了後もレンガ調に戻されることはなく、アスファルトで埋め戻されたままとなって放置されてしまいました。その工事をきっかけに、工事のたびにアスファルトで塗りつぶされる面積は増え、美しかったレンガ調の歩道は瞬く間にガタガタのパッチワーク状となり、雨が降れば、水たまりがそこかしこにできる状態でした。

卑近な例ではありますが、こうした工事は、街の景観を守っていくことや統一感のある街並みをつくるという発想からかけ離れた、場当たり的でその場しのぎの施工の典型であると感じています。財政的に余裕のある東京では、いつかまとめて直され、もとの通りのきれいな歩道に戻るのでしょう。しかし、地方ではそうもいかず、ガタガタの歩道が長期にわたり放置されてしまうのです。コスト重視の工事が街の景観を壊してしまうのです。

景観に配慮することなく、将来ビジョンを欠いた無責任な工事の結果、無残な光景が広がってしまった都市は、全国いたるところに見られます。老朽化して利用の見込みが立たないにもかかわらず、解体されないまま残されたビル。雨漏りし、崩落の危険性すらあるにもかかわらず、手を入れられない商店街のアーケード。

近年、わが国においては、公共事業や建設工事に限らず、あらゆる政策や社会の仕組みが長期の将来ビジョンを欠き、その場しのぎとなっているように感じられます。企業でも、長期の経営計画からかけ離れ、目先の利益に追われるあまりに生じたとも考えられる経営の失敗や不祥事が散見されます。さらに言えば、リストラを敢行した企業経営者が評価され、莫大な報酬を手にするという、あまりに理不尽なビジネス慣行も、すでに当たり前のものとなってしまいました。

人口減少が確実なわが国では、官民双方によるその場しのぎの政策決定や経営判断が、将来の経済発展や社会保障の持続性において取り返しのつかない失敗へとつながってしまいます。今を生きる私たちは、明確な将来ビジョンにもとづく政治運営や企業経営によって次世代に対する責任を果たしていくべきですが、おそらく将来世代は、それとはほど遠い現実を見せつけられるのです。

若い世代が前の世代よりも少しでも豊かに

団塊ジュニアを含む就職氷河期世代の経済的苦境を長期にわたり放置してきた事実は、官民双方が責任を放棄した典型と言えるでしょう。この問題について言えば、行政や企業の取り組みは場当たり的で、責任をすべて当事者に押しつけてしまったというそしりは免れません。バブル崩壊のときでも、大企業では長期ビジョンにもとづき一定の採用を維持する努力が必要でした。行政は公共事業による景気刺激策だけでなく、全力で雇用維持や円滑な労働移動を支援すべきでした。

２０１９年末、厚生労働省が、就職氷河期世代に該当し、これまで正規雇用の経験がほとんどない人を対象に10名の採用を発表しました。それに呼応するように、多くの地方自治体でも同様の動きが見られます。

しかし、こうした取り組みも、場当たり的なものという印象を受けます。厚生労働省に採用された10名にとっては救済となりますが、今求められる政策は、一部の人をすくい上げることよりも、わが国経済を成長軌道に押し上げつつ、とりわけ若い労働者が企業の収益に見合った賃金を受け取ることができる環境をつくり、世代間格差や世代内格差を抑えていくことです。そして、なるべく早い段階で、たとえわずかずつであっても、次世代が先を生きる世代よりも豊かになり、自らの夢や希望がかなえられやすい社会に向けて回帰していくことが求められていると考えています。そうした道を切り開くことが、わが国のリーダー層に求められる資質にほかなりません。

あまり考えたくはありませんが、今後、バブル崩壊やリーマンショックに匹敵する規模の不況に落ち込むようなことがあった場合にこそ、わが国のリーダー層の力が試されることになります。失政や経営の失敗のツケを若い世代に押しつけたようなバブル崩壊後と同じ轍を踏むのか、はたまた景気の落ち込みを最小限にとどめ、未来に向かって持続的に成長する国へと早期に回復軌道に乗せることができるのか。

奇しくも2019年、地球温暖化対策の国際的な合意形成の場において、10代の環境活動家グレタ・トゥンベリさんら若い世代が口々に語った「指導者による未来への責任」という言葉が注目を集めました。いかなる時代においても、現世代は、後の世代に対する責任を有しているはずです。

そのような責任の中でも、環境保全とともに重責の1つと言えるのが、豊かさをより確かなものとして後の世代に引き継いでいくことです。決して若い世代や女性、外国人を少数派として社会の合意形成から排除することなく、政治においても、企業や地域社会においても、積極的に彼らの意見を取り込める仕組みや文化を築いていくことが必要と言えるでしょう。

吉田拓郎氏の詩に込められたメッセージ

1970年にリリースされた吉田拓郎氏のデビューシングル、「イメージの詩(うた)」には次のような一節があります。

「古い船には新しい水夫が乗り込んでいくだろう、古い船を今動かせるのは古い水夫じゃないだろう」

「イメージの詩」は、拓郎ファンならずとも、団塊の世代にはなじみ深い楽曲です。団塊の世代は、1960年代に学生生活を送り、激しい学生運動の中心世代でした。吉田拓郎氏自身も団塊の世代にあたり、彼の楽曲「イメージの詩」は、当時の若者が有していた社会の変化に対する切望感をストレートに表した歌詞と理解することができます。

時代は変わり、現代を生きる若者は、バリケードを張るようなことも暴力行為につながるような過激な示威行動も決してとろうとはしないでしょう。しかし、今彼らは、先代の負の遺産である老朽化し手に負えなくなったビルや商店街、民家をリノベーションし、再生しようと試みています。耕作放棄地を、再び実り豊かな農地へと蘇らせようと取り組んでもいます。瀬戸内海に浮かぶ小島で、担い手のいなくなったみかん畑を拠り所に新たな暮らしを始める若者もいます。

社会が大きく変化しつつある現代、イノベーションや新しいビジネスモデルは急速に私たちの社会に浸透してきています。そうした社会の変化を踏まえ、たとえ人口減少が予期されていようとも、私たち社会は決して内向きとなることなく、一定の経済成長を果たすために、新しい将来ビジョンを描くことができる人材を必要としています。〝新しい水夫〟、すなわち水先案内人として時代を切り開いていける人材が、政治や企業、地域のリーダーとして活躍できる社会を模索すべきではないでしょうか。

吉田拓郎氏の「イメージの詩」には次の一文が続きます。

「古い水夫は知っているのさ　新しい海のこわさを」

吉田拓郎氏の言う古い水夫とは誰のことを指しているのでしょう。筆者には、単純に高齢者を指しているとは思えません。おそらくは、変化を恐れ、現代までの延長線上でしか将来を見通すことができない人材のことを指しているのだと思います。社会が大きく変わっていく時代には、もうそうした人材が果たすべき役割はありません。

50年前に書かれた詩の一節が、古い水夫に片足を突っ込んでいることを自覚し始めた筆者の胸に突き刺さります。

変化を楽しめる人材、社会を変えていける人材、そして何より次世代に対する責任を自覚している人材にこそ、わが国のかじ取りを任せていかなければならない時代になっていると感じています。年齢・性別に関係なく、まして国籍にも関係なく、明確なビジョンのもと、責任を持って積極的に変化を生み出していくことができる人材こそが、わが国に豊かさをもたらしていくことになるはずであると信じています。

なお、本書執筆にあたり、厳しい経済環境の中、日々、地域経済の持続性向上に尽力されている企業経営者や過疎集落で地域発展に体を張っているＮＰＯ代表者など多くの方々と情報交換をする機会を頂戴し、新しい知見を蓄えることができました。また、私が所属する日本総合研究所調査部の同僚には、研究成果の共有とともに、日頃のディスカッションを通じ、多くのアドバイスをいただきました。そうしたすべての方々に、この場を借りて御礼申し上げます。

最後に、本書執筆をサポートしてくれた日経ＢＰ 日本経済新聞出版本部の小谷雅俊さんにも熱く御礼申し上げます。

藤波 匠　ふじなみ・たくみ

㈱日本総合研究所　調査部　上席主任研究員。1992年、東京農工大学農学研究科環境保護学専攻修士課程修了。同年、東芝入社。99年、さくら総合研究所入社。2001年、日本総合研究所調査部に移籍、山梨総合研究所出向を経て08年に復職。主として地方再生、人口問題の研究に従事。著書に『「北の国から」で読む日本社会』『人口減が地方を強くする』『地方都市再生論』がある。

日経プレミアシリーズ｜423

子供が消えゆく国

二〇二〇年四月八日　一刷

著者　藤波 匠

発行者　白石 賢

発行　日経BP
日本経済新聞出版本部

発売　日経BPマーケティング
〒一〇五—八三〇八
東京都港区虎ノ門四—三—一二

装幀　ベターデイズ

組版　マーリンクレイン

印刷・製本　凸版印刷株式会社

ISBN 978-4-532-26423-9　Printed in Japan

JASRAC 出 2002601-001

日経プレミアシリーズ 360

「北の国から」で読む日本社会

藤波 匠

フジテレビで1981年から2002年にわたって放映され、国民的な人気ドラマとなった「北の国から」。ドラマの背景となっている日本社会の激動を、東京への人口移動、大量消費社会の台頭、農業の衰退、バブル崩壊、交通事情の変化、恋愛の変遷、受験戦争、ゴミ問題など象徴的な切り口から分析する。

日経プレミアシリーズ 302

人口減が地方を強くする

藤波 匠

「人口の東京一極集中による地方の消滅」という発想に支配される地方活性化策。それは、若者を補助金頼みの地方定着へと誘い、人口バランスに大きなゆがみを生じさせます。たとえ人口が減っても、地方は豊かな暮らしの場となれるはず。人口減を受け入れることで見えてくる、地方再生の新たな道を示します。

日経プレミアシリーズ 388

どうする地方創生

山崎史郎・小黒一正

いまだ「道半ば」の観もある地方創生。何が障壁になっているのか。事業の優先順位が絞れない、担うべき人材がいない、運営する組織が構築できない……。2020年から始まる第二期に向けて、どう課題を克服して、事業を展開していくのか。初代の地方創生総括官をはじめ、研究者、実務家、行政官などの有力識者が、成功事例の紹介もまじえ徹底討論する。